Katajun Amirpur / Reinhard Witzke

Schauplatz Iran

HERDER spektrum

Band 5535

Das Buch

1979 begann in Iran ein politisches und soziales Experiment ohnegleichen: Aus der Revolution, die den Schah vertrieben hatte, ging nach kurzer Zeit die „Islamische Republik" hervor. Sie machte den Islam zur Grundlage aller politischen Entscheidungen, ließ Kleriker über jeden Bereich des Alltags wachen und versuchte, alle Bindungen an den Westen zu kappen – und entwickelte sich rasch zu einer brutalen Diktatur.

Und heute, 25 Jahre später? Iran bestimmt wieder die Schlagzeilen der Weltpresse: Die Regierung fordert die Welt mit Atomwaffen heraus und erweist sich zugleich als unfähig, den Menschen im eigenen Land bei Naturkatastrophen wie dem Erdbeben in Bam zu helfen. Regierung und Volk haben sich voneinander abgekapselt. Die meisten Iraner haben jede Hoffnung auf Freiheit und Demokratie verloren. Viele haben sich von der Religion abgewendet und suchen im Privatleben ihr Glück: Möglicherweise ist Iran das islamische Land, dass am stärksten säkularisiert ist. Warum ist die islamische Republik gescheitert?

Katajun Amirpur und Reinhard Witzke zeichnen anschaulich die Geschichte des modernen Iran nach: Sie beschreiben, wie es zur Revolution kommen konnte und wie es den Islamisten danach gelang, alle anderen politischen Kräfte auszuschalten. Und sie erzählen vom unbekannten Alltag in einem Land, das zu den brisantesten Schauplätzen der Weltpolitik gehört. Spannende Einblicke und klare Analysen – ein wichtiges und aktuelles Sachbuch von zwei der besten deutschsprachigen Iran-Experten.

Die Autoren

Katajun Amirpur, Dr. phil, Iranistin. Zahlreiche Reisen nach Iran. Publizistische Tätigkeit für überregionale Medien. Z.Zt. Emmy-Noether-Stipendiatin der Deutschen Forschungsgemeinschaft. Lebt in Köln. Bei Herder spektrum: Gott ist mit den Furchtlosen. Schirin Ebadi – Die Friedensnobelpreisträgerin und der Kampf um die Zukunft Irans.

Reinhard Witzke, Ethnograph und Irankenner. Lebt in Berlin.

Katajun Amirpur / Reinhard Witzke

Schauplatz Iran

Ein Report

HERDER

FREIBURG · BASEL · WIEN

Gedruckt auf umweltfreundlichem,
chlorfrei gebleichtem Papier

2. Auflage

Originalausgabe

www.herder.de
Herstellung: fgb · freiburger graphische betriebe 2005
www.fgb.de
Umschlaggestaltung und Konzeption:
R·M·E München / Roland Eschlbeck, Liana Tuchel
Umschlagmotiv: © dpa
ISBN: 3-451-05535-X

Inhalt

Vorwort

Was waren nicht alles für Hoffnungen mit seiner Abreise verbunden! Am 16. Januar 1979 verlässt Mohammad Reza Pahlavi, der Schah, das damalige Kaiserreich Iran. Der „König aller Könige, das Licht der Arier", wie er sich nannte, gab endlich den Weg für eine bessere Zukunft frei. So dachte das iranische Volk wenigstens. Es hatte eine Revolution gemacht, um sich von Unfreiheit, Zensur, Folter und Fremdbestimmung zu befreien. Niemand hatte mit dieser Revolution gerechnet. Vor allem der Westen wollte nicht wahrhaben, was sich in Iran zusammenbraute. Das System des Schah galt als modern und als stabil, weil es über mehr Waffen verfügte als alle anderen Länder der Region. Das reichte. Für viele Deutsche waren der Schah und seine schöne Frau Farah Diba außerdem die Verkörperung eines orientalischen Märchens. Die Geschichten über sein Leben füllten deutsche Boulevardzeitschriften. Als den „letzten deutschen Kaiser" bezeichnete ihn deshalb in den siebziger Jahren ironisch die Linke.

In den Augen der iranischen Bevölkerung jedoch war der iranische Monarch ein Despot, der seinem Volk jedwede Mitsprache verweigerte und Kritik brutal unterdrückte. Allgegenwärtig war sein Geheimdienst, der die Bevölkerung in Angst und Schrecken versetzte. Und trotz der immensen iranischen Ölvorkommen lebte ein Großteil der Bevölkerung in Armut. Deshalb herrschte im Januar 1979 und in den darauffolgenden Monaten Aufbruchstimmung in Iran. Die Menschen frohlockten und hofften auf ein Leben in Freiheit und Wohlstand.

Und heute, 25 Jahre später? Heute gibt sogar die iranische Handelskammer zu, dass 40 Prozent aller Iraner unterhalb der Armutsgrenze leben, ausländische Diplomaten schätzen die Zahl auf über 60 Prozent. Noch immer herrschen Unfreiheit, Zensur und Folter und noch immer ist das Volk unzufrieden. Seit die Bevölkerung erstmals die Chance dazu hatte, im Jahre 1997, hat sie jede Möglichkeit genutzt, um ihrem Wunsch nach Reform und Liberalisierung Ausdruck zu geben. Viermal in Folge, in den Jahren 1997, 1999, 2000 und 2001, wählte sie den Präsidentschaftskandidaten und die Parlamentarier, die Demokratie und Rechtsstaatlichkeit versprachen.

Die Frage aber ist, ob das iranische System überhaupt reformierbar ist. Bislang ist eine Reform an seinen Besonderheiten gescheitert. Zwar enthält es Elemente einer parlamentarischen Demokratie – wie das Parlament und den Präsidenten. Diesen Institutionen ist aber jeweils eine andere, klerikale übergestülpt. Das heißt, selbst dann, wenn Reformer das Parlament beherrschen, wie sie es von August 2000 bis zum Jahre 2004 taten, kaum Veränderungen durchgesetzt werden können. Ähnlich machtlos ist der Präsident. Das Parlament konnte wegen der Macht des Wächterrats, der jedes einzelne Gesetz genehmigen muss, kaum eines seiner über fünfzig Reformgesetze durchbringen. Insgesamt wurden 90 Prozent aller Gesetze, die das Parlament eingebracht hat, vom Wächterrat abgelehnt.

Daher ist die Bevölkerung frustriert und vollkommen desillusioniert. Sie meint inzwischen, durch Wahlen und von innen heraus, durch einen langsamen Wandel, sei das System nicht reformierbar. Sie fühlt sich jeglichen Einflusses auf die iranische Politik beraubt. Ein Großteil der iranischen Bevölkerung blieb deshalb im Februar 2004 den Urnen fern. Dies hatte zur Folge, dass die Konservativen den Sieg davontrugen, weil nur sie ihr Wählerpotential mobilisieren konnten.

Im Jahre 25 nach der Islamischen Revolution ist die Entfremdung zwischen Volk und Regime kaum mehr zu überbieten. Dennoch gibt es einen unabweislichen Grund, warum die

Reformkräfte letztlich gewinnen werden und warum dem theokratischen Staatsmodell in Iran die Zeit abläuft: Vor allem die iranische Jugend hat sich von den herrschenden Klerikern abgewandt. 70 Prozent der Bevölkerung sind jünger als 30 Jahre. Diese Jugend hat keine Erinnerung an den Schrecken und die Entbehrungen der Schahzeit, sie sieht aber, dass die Ideale der Revolution, Freiheit und Gerechtigkeit, nicht verwirklicht wurden. Stattdessen wird gerade jungen Menschen jedes Vergnügen im Namen einer konservativen Islamdeutung verwehrt. Die Reaktion der Bevölkerung fällt eindeutig aus: „Wenn das der reine mohammedanische Islam ist, dann leben wir lieber ohne." Mohammad Reza Chatami, der Bruder des amtierenden Präsidenten, stellte vor kurzem offen und unumwunden klar, dass es „diese gewalttätige und diktatorische Interpretation" sei, die die iranische Jugend vor der Religion flüchten lasse. Im Jahre 25 nach der Islamischen Revolution ist die iranische Bevölkerung möglicherweise die am weitesten säkularisierte des Nahen Ostens. Eine Bevölkerung, der die Gefahren einer Einheit von Staat und Religion offenbar geworden sind. Und die die Demokratie will.

Nicht nur wegen dieser Entwicklung, die eine Folge des „real existierenden Islamismus" ist, steht Iran im Zentrum der Aufmerksamkeit. Die Welt schaut auch auf Iran, wenn eine Iranerin, Schirin Ebadi, mit dem Friedensnobelpreis ausgezeichnet wird; oder wenn es in Iran mit dem Erdbeben von Bam zu einer humanitären, kulturellen und wirtschaftlichen Katastrophe kommt; oder wenn dem iranischen Regime unterstellt wird, die Atombombe zu wollen und George W. Bush das Land auf der „Achse des Bösen" platziert. Iran ist ohne Zweifel einer der interessantesten Schauplätze der Weltpolitik.

1. Hintergründe

1.1 Das Land und die Menschen

Das iranische Reich erstreckte sich einst vom Bosporus bis nach Pakistan. Heute ist Iran mit einer Fläche von 1648000 km² immer noch größer als Spanien, England, Frankreich und Deutschland zusammen. Das Land wird von zwei großen Wüsten und zwei Gebirgen dominiert. 90 Prozent der Gesamtfläche Irans besteht aus Hochland. Im Norden verläuft parallel zum Kaspischen Meer als Ausläufer des Kaukasus das Elburz-Gebirge. Hier liegt der höchste Berg des Landes, der Demavand (5600 m), ein erloschener Vulkan, an dessen Hängen sich die Hauptstadt Teheran erstreckt. An den Nordhängen des Elburz befinden sich die Regionen Gilan und Masanderan. Im Nordwesten des Landes liegt Aserbaidschan, die Kornkammer Irans. Von der Grenze zum Irak zieht sich nach Südwesten das Zagros-Gebirge hin. Im Zagros leben Kurden, Luren und die großen Nomadenverbünde der Bachtiaren und Ghaschghai. Südlich des Zagros befindet sich an der Grenze zum Irak die vorwiegend von Arabern bewohnte Region Chusistan. Im Südosten liegt das wüstenhafte Land der Balutschen: Balutschistan, im Nordosten Chorasan, das „Land der aufgehenden Sonne". Hier leben neben Persern noch Kurden, Turkmenen und Tschahar Aimagh. In der östlichen Landeshälfte befinden sich die beiden unbewohnten großen Wüsten Dascht-e Lut und Dascht-e Kavir. Das persische Siedlungsgebiet liegt zwischen den Wüsten und dem Zagros-Gebirge, in einem breiten Korridor von Schiraz im Süden über Teheran nach Norden.

Die Bevölkerung Irans ist im 20. Jahrhundert explosionsartig gewachsen. Lag sie zu Beginn bei acht Millionen, sind es heute 65 Millionen: davon waren im Jahre 2001 48,1 Prozent jünger als 20 Jahre. Allein in der Hauptstadt Teheran leben zwischen neun und 14 Millionen Menschen. Nach Teheran sind Isfahan, Schiraz, Maschhad und Täbris die wichtigsten Städte, sie sind jedoch deutlich kleiner. Der Anteil der Landbewohner lag im Jahre 1956 bei 69 Prozent, der der Städter bei 31 Prozent. In den vergangenen 40 Jahren hat sich das Verhältnis umgekehrt: Heute leben 35 Prozent der Menschen auf dem Lande und 65 Prozent in Städten.

Teheran ist seit 1785 Hauptstadt Irans, doch die Kleinstadt entwickelte sich erst im 19. Jahrhundert zu einer Großstadt. Die Oberschicht lebt im Norden in den höher gelegenen Teilen der Stadt, wo das Klima erträglicher ist. Je weiter man nach Süden kommt, desto ärmlicher wird es. In der heißen Ebene liegen die Slums der Zuwanderer. Die Stadt wächst immer weiter in die Breite, ohne dass die Infrastruktur mitwächst. In den letzten Jahren konnte beispielsweise die Wasserversorgung der Bevölkerung nicht mehr sichergestellt werden.

Iran ist ähnlich wie Frankreich ein hochzentralisiertes Land. Behörden und Unternehmen sind in Teheran konzentriert. Auch die Akademiker sind auf die Hauptstadt fixiert. Daher ist der ländliche Raum in den Bereichen Bildung und Gesundheit unterversorgt. Hinzu kommt noch die Abwanderung von gut ausgebildeten Fachkräften ins Ausland.

Isfahan, die sicher schönste Stadt Irans, liegt als Flussoase am Rand des Zagros-Gebirges. Die Stadt war zwischen dem 16. und dem 18. Jahrhundert die Hauptstadt des Safawidenreiches. Aus dieser Zeit sind zahlreiche prächtige Bauten erhalten. Die Isfahanis haben den Ruf, gerissene Händler zu sein. In der Kernprovinz des alten Perserreichs, in Fars, liegt die Stadt Schiraz – unweit antiker historischen Stätten wie Persepolis. In der Region Chorasan liegt die Stadt Maschhad – am Rande der Zivilisation, wie man im Iran sagt. Aber weil sich dort das Grab des achten Imams der Schia befindet, wurde die Stadt zum wichtigsten Heiligtum des Landes. Täbris ist die Hauptstadt der Region Aserbaidschan. Dank ihrer Lage an der Seidenstraße, die China mit dem Mittelmeer verband, war sie früher die größte Stadt Irans. Im 20. Jahrhundert jedoch geriet sie unter der Pahlavi-Dynastie ins Abseits. Die südlich von Teheran auf dem Weg nach Isfahan gelegene Stadt Ghom ist das religiöse Zentrum Irans.

Iran ist ein Vielvölkerstaat. Im Laufe der Geschichte kamen immer wieder neue ethnische Gruppen hinzu. Viele kamen über die Seidenstraße, andere kamen über die Route, die die zentralasiatischen Steppenvölker, die Turkmenen und Mongolen, nahmen, als sie nach Westen zogen. Die Bevölkerung Irans besteht mehrheitlich aus Persern (30 Millionen oder 46 Prozent), danach folgen die Aseris mit 12 Millionen (21 Prozent), die Kurden mit 6,5 Millionen (10 Prozent), die Luren mit 6 Millionen (9 Prozent), die Balutschen mit 2 Millionen (3 Prozent), die Araber mit 2,5 Millionen (3.5 Prozent), die am Kaspischen Meer lebenden Gilaki und Masanderani mit 5 Millionen (7 Prozent) sowie die Turkmenen. Außerdem leben circa zwei Millionen Afghanen in Iran. Sie kamen zuerst als Gastarbeiter und seit dem Beginn des afghanischen Bürgerkrieges als Flüchtlinge.

Die Aseris sprechen eine Turksprache. Sie fühlen sich als Iraner, nicht als Türken, haben aber eine sehr ausgeprägte eigene ethnische Identität. Sie sind wie die Perser Anhänger der Zwölferschia. Von den Persern, der Titularnation, werden sie gerne als „Eselstürken" betitelt. Dennoch verweisen die zahlreichen Mischehen darauf, dass sie kulturell und religiös gut integriert sind. Außerdem sind sie in den höchsten Staatsämtern zu finden. Auch die Familie von Revolutionsführer Ali Chamenei stammt ursprünglich aus Aserbaidschan.

Die im Nordosten lebenden Turkmenen sind erst vor einigen Jahrhunderten eingewandert. Weil sie Sklavenraub betrieben, galten diese nomadischen Viehzüchter und Bauern lange als die Geißel des Nordostiran. Wie die Turkmenen auch sind die im Südosten des Landes lebenden Balutschen Nomaden oder Bauern, sie sprechen aber eine iranische Sprache. Balutschistan ist das Armenhaus Irans. Die Kurden leben an der Westgrenze des Landes, in den letzten Jahrhunderten wurden kleinere Gruppen umgesiedelt. Dadurch findet man auch an der Nordost- und Südostgrenze Kurden. Die Kurden sind wie die Balutschen und Turkmenen in Stämmen organisiert. Die wichtigsten Nomadengruppen sind die Stammeskonföderationen der Bachtiaren, die um Isfahan herum leben und zu den Luren gezählt werden, sowie die turkstämmigen Kaschgai in ihrem Siedlungsgebiet um Schiraz. In der Südwestecke an der Grenze zum Irak und am Persischen Golf leben arabischsprachige Stämme.

1.2 Wirtschaft

Iran verfügt über Bodenschätze wie Öl, Naturgas, Kohle, Chrom, Kupfer, Eisenerz, Blei, Mangan, Zink, Schwefel. Die alles entscheidende Einnahmequelle ist das Öl: Iran verfügt über die drittgrößten Ölreserven der Welt, sowie über die zweitgrößten Gasreserven. Während sich das Ende der Ölreserven abzeichnet, sind die Gasfelder noch reichlich gefüllt. Die Ölproduktion erreichte 1974 ihren Höhepunkt, Revolution und Krieg brachten einen enormen Einbruch. Zwar wurde die Produktion in den letzten Jahren gesteigert, sie liegt aber immer noch bei nur der Hälfte der Menge von 1974. Die Anlagen sind schon alt und müssen erneuert bzw. nachgerüstet werden. Iran verfügt jedoch weder über das nötige Geld dafür noch über das technische know how. Hinzu kommt, dass die Amerikaner Iran seit 1979 mit Sanktionen belegt haben, die gerade den Ölsektor betreffen.

Der Ölreichtum hat durchaus Schattenseiten. Er hat zur Folge, dass andere Wirtschaftszweige sich schwächer entwickeln. Neben Petrochemie gibt es vor allem Textil-, Zement-, Lebensmittelverarbeitungsfabriken und metallverarbeitende

Industrie inklusive Rüstungsanlagen. Wie alles im Land ist auch die Industrie auf den Raum Teheran konzentriert.

Als 1978 die Revolution ausbrach, befand sich das Land in einer Frühphase der Industrialisierung. Seitdem sind – auch wegen der allgemeinen Rechtsunsicherheit für ausländische Investoren – kaum Fortschritte erzielt worden.

Die traditionellen Geschäftsleute sind die Basaris. Ihr Name geht auf ihren Sitz im Basar zurück. Sie sind Kaufleute, Händler und Handwerker und gelten als besonders gläubig, allerdings auch als besonders profitbedacht. Geschäfte machen sie eher durch Spekulation, weder den Pahlavi-Schahs noch der Islamischen Republik gelang es, sie zu Investitionen in größerem Umfang zu bewegen.

Auch die iranische Landwirtschaft ist trotz mehrerer Reformversuche immer noch von veralteten Strukturen geprägt und damit wenig effizient. Unter der Pahlavi-Dynastie (1925–79) wurde Iran vom Selbstversorger zum Importeur landwirtschaftlicher Erzeugnisse.

Die karge Natur Irans lässt in großen Teilen nur eine Nutzung durch Weidewirtschaft zu. Schafe und Ziegen sind in der Lage, auch auf den ärmsten Böden zu existieren, allerdings müssen wegen der Erschöpfung der Weiden und aus klimatischen Gründen häufig die Weiden gewechselt werden. Nomadentum ist deshalb traditioneller Teil der Landwirtschaft. Die Pahlavi-Schahs ignorierten das und bekämpften das Nomadentum erbittert als „rückständige Erscheinung", die es auszutilgen gelte. Nach der Revolution von 1979 veränderte sich die Behandlung der Nomaden zum Besseren.

Für den Ackerbau ist lediglich knapp ein Viertel des Landes überhaupt nutzbar. In den Gebieten, wo nicht genug Regen fällt, greift man traditionell auf so genannte Qanate zurück, auf kunstvolle gegrabene unterirdische Kanäle, die das natürliche Gefälle ausnutzen und so Wasser über längere Strecken führen können. Angebaut werden Weizen, Reis, andere Getreide, Zuckerrohr, Früchte, Nüsse, Baumwolle. Die Kornkammer des Landes ist Aserbaidschan.

Eine lange Tradition hat der Mohnanbau. Iran wurde in der zweiten Hälfte des 19. Jahrhunderts in den Weltmarkt integriert. Die Briten stimulierten den Opiumanbau, da sie durch Opiumhandel mit China ihre Kolonie Indien mitfinanzierten. Im 20. Jahrhundert verschob sich dann – zum Entsetzen der Europäer – die Handelsrichtung. Nun war der Westen der Hauptabnehmer.

Heute arbeiten nur noch 30 Prozent der berufstätigen Bevölkerung in der Landwirtschaft. 25 Prozent arbeiten in der Industrie und 45 Prozent im Dienstleistungssektor. Die Arbeitslosigkeit lag 2002 offiziell bei 15,7 Prozent, inoffiziell wird sie auf über 50 Prozent geschätzt. Neben dem hohen Bevölkerungswachstum plagt die Wirtschaft des Landes auch eine hohe Inflation.

Nach der Revolution kam es zu umfangreichen Verstaatlichungen. Damit wurde die dominante Rolle des Staates in der Industrie noch verstärkt. Der Großteil der Industrie befindet sich in den Händen der „religiösen" Stiftungen (bonyads), die als Staat im Staate agieren. Vor allem deswegen ist die Wirtschaftpolitik in der Islamischen Republik Iran eine äußerst heikle Frage.

1.3 Kultur

Landessprache Irans ist *Farsi* (neupersisch). Es gehört wie die meisten europäischen Sprachen zur indo-europäischen Sprachfamilie. Die Verwandtschaft zum Deutschen ist augenfällig, so heißt Bruder auf Persisch *Baradar* und Mutter *Madar*. *Farsi* hat sich aus dem Mitteliranischen (*Parsi*) entwickelt und dabei verschiedene Elemente anderer Dialekte aufgenommen. Nach der Islamisierung Irans im 7. Jahrhundert flossen immer mehr arabische Wörter ins Persische ein. Es entstand das Neupersische. Im Laufe der Jahrhunderte hat das Persische zwar viele neue Wörter aufgenommen, doch auch die alten persischen Worte blieben erhalten und sind Bestandteil des modernen Alltagspersisch. Deshalb können die Iraner ihre klassischen Dichter wie Ferdousi, Saadi, Hafez oder Rumi auch heute noch relativ problemlos lesen und verstehen. Neben Arabisch und Türkisch ist Persisch die dritte große Kultursprache der islamischen Welt. Die Iraner übernahmen nach der Islamisierung die arabische Schrift.

Die persische Literatur ist weltberühmt – zu den größten Werken gehört das „Buch der Könige" des Ferdousi, der als der Begründer des Neupersischen gilt. Das monumentale Epos beschreibt die Geschichte Persiens – und zwar von ihren Anfängen bis zur sassanidischen Zeit. Das „Buch der Könige" ist eine Mischung aus Mythen, Sagen und wahren historischen Begebenheiten. Wie ein roter Faden zieht sich durch das gesamte Werk der Gegensatz von Gut und Böse, verkörpert durch Iran, das Reich des Lichts, und Turan, das Reich der Finsternis. Weitere große Dichter sind Saadi und Hafez, dem von Goethe im West-Östlichen Diwan ein literarisches Denkmal gesetzt wurde. Wichtigste Vertreter der modernen Literatur sind: Sadegh Hedayat, der als der iranische Kafka gilt, Nima Yuschidsch, der Begründer der modernen persischen Poesie, Mahmud Doulatabadi, der vor allem durch das auch auf Deutsch vorliegende Epos „Kelidar" internationale Berühmtheit erlangte und Huschang Golschiri, der inzwischen verstorbene Meister des modernen persischen Romans.

Der iranische Kalender richtet sich seit 1925 nach dem Sonnenjahr. Zuvor wurde – wie bis heute in weiten Teilen der islamischen Welt – in Mondjahren gerechnet. Das iranische Kalenderjahr beginnt am 21. März, zu Frühlingsanfang. Beginn der Zeitrechung ist, wie bei der vorher gültigen islamischen Mondjahrzeitrechnung, das Jahr 622 nach Christus. Muslimische Feiertage richten sich weiter nach dem Mondjahr und verschieben sich daher jedes Jahr um mehrere Tage. Nouruz, das Neujahrsfest, ist das älteste und wichtigste iranische Fest. Die Feier dauert mehrere Tage, der eigentliche Festtag ist der 21. März bzw. der 20. – je nachdem auf welchen Tag der Jahreswechsel fällt. Das Nouruz-Fest hat seinen Ursprung im Zoroastrismus. Zur Vorbereitung des Festes gehört die Reinigung von Haus, Körper und Kleidung. Zum Jahreswechsel werden Geschenke und Glückwünsche ausgetauscht. Zwölf Tage lang besucht man Freunde und Verwandte. Die Bevölkerung strömt in dieser Zeit aus den Städten zu nahen und fernen Ausflugszielen. Zum Ritual gehört es, am Mittwoch vor dem Jahreswechsel über ein Feuer zu springen, um so alles Schlechte und Böse an die Flammen abzugeben. Am dreizehnten Tag des neuen Jahres verlassen alle das Haus und fahren ins Grüne, da an diesem Tag die bösen Geister ihr Unwesen darin treiben.

Im 20. Jahrhundert vollzog sich der Übergang von traditioneller zu westlicher Kleidung. Nur die schiitische „Geistlichkeit" trägt bis heute eine eigene Tracht mit Turban und Gewand (aba). Frauen müssen in der Islamischen Republik Iran den so genannten Hedschab tragen. Die traditionelle Form des iranischen Hedschab ist der Tschador (persisch für Zelt), ein schwarzer Umhang, der Körper, Kopf und Haare verdeckt. Heute tragen die Frauen meist ein Kopftuch und einen Mantel bzw. ein langes Jackett oder Hemd.

Die Geburt eines Kindes ist ein Anlass zum Feiern, allerdings wird die Geburt eines Sohnes mehr gefeiert als die einer Tochter. Die Frau steigt mit der Geburt eines Kindes auf der gesellschaftlichen Statusleiter auf. Eine Ehefrau ohne Kinder genießt in der Gesellschaft wenig Ansehen. Kinderlosigkeit ist ein Scheidungsgrund für Männer bzw. ein Grund, sich eine zweite Frau zu nehmen.

Das Kind ist von der Geburt an Muslim. Man spricht ihm die einleitende Sure des Koran, die Fatiha, ins Ohr. Iranische Jungen werden – im Gegensatz beispielsweise zu türkischen – direkt nach der Geburt beschnitten. Obwohl dies im Koran nicht vorgeschrieben ist, gilt die Beschneidung als religiöse Pflicht, da auch der Prophet Mohammad beschnitten war. Mädchen werden – anders als in manchen anderen islamischen Ländern – in Iran nicht beschnitten. Häufig werden nach der Geburt Vorkehrungen getroffen, um das Kind gegen den bösen Blick zu schützen. Der böse Blick ist eine Kraft, die bestimmte Leute besitzen. Erregt man ihren Neid, kann ihr Blick anderen schaden, besonders Kindern.

Schon bei der Namensgebung zeigt sich die Vielfalt der Gesellschaft. Religiöse Familien geben ihren Kindern Namen wie Mohammad, Hassan, Ali und Hussein. In säkularen Kreisen werden Namen aus der vorislamischen Zeit bevorzugt wie Chosrow, Ardeshir oder Katajun. Nationalisten wählen gerne Namen, die mit Buchstaben beginnen, die nur im persischen, nicht im arabischen Alphabet vorkommen wie Parwiz, Bijan oder Gitti.

Die Grundschule dauert fünf Jahre. Es schließen sich vier Jahre Mittelstufe und drei Jahre Oberstufe an. Der Unterricht ist traditionell von Auswendiglernen und blinder Akzeptanz der Worte des Lehrers geprägt. Kritisches Hinterfragen, wie in Deutschland seit einigen Jahrzehnten gefördert, ist nur selten gefragt.

Eine Adoleszenzphase wie wir sie kennen, gibt es nur in bestimmten städtischen Kreisen, aber selbst dort noch nicht lange. So vollzieht sich der Übergang vom Kind zum Erwachsenen recht abrupt. Bei Mädchen lässt sich der Übergang am Kopftuch festmachen, dass sie ungefähr ab dem Alter von neun Jahren auch auf der Straße tragen müssen. Vorher müssen sie es nur in der Schule anziehen. Kinderarbeit ist immer noch weit verbreitet. 1,8 Millionen Kinder und Jugendliche gehen nicht zur Schule, weil sie ganztägig arbeiten müssen, um zum Familienunterhalt beizutragen.

Das Islamische Recht teilt Beziehungen zwischen den Geschlechtern in die Kategorien legal (mahram) und illegal (nahmaran) ein. Mahram sind für eine Frau nur ihr Sohn, ihr Mann, ihr Bruder und ihr Vater. Die erwachsene Frau hat in der Islamischen Republik Iran nicht dieselbe rechtliche Stellung wie der Mann. Ihr Zeugnis gilt nur halb so viel wie das eines Mannes, sie kann sich nur unter schwierigsten Bedingungen scheiden lassen. Vor der Revolution lag das gesetzliche Heiratsalter für Jungen bei 21 Jahren und für Mädchen bei 18 Jahren. Nach der Revolution wurde es auf 15 Jahre für Jungen und neun für Mädchen herabgesetzt.

Der Eintritt der Töchter in die Geschlechtsreife ist für die Eltern mit großer Sorge verbunden. Sollte die Tochter vor der Ehe ihre Jungfräulichkeit verlieren, ist sie nur noch schwer zu verheiraten. Früher nahmen viele traditionell denkende Eltern ihre Töchter aus der Schule, nachdem sie geschlechtsreif geworden waren. In der Islamischen Republik hat sich dies aufgrund der herrschenden Schleierpflicht und Geschlechtertrennung in der Schule geändert. Heute gehen deutlich mehr Mädchen als früher zur Schule.

Der Kontakt zwischen Männern und Frauen in der Öffentlichkeit wird durch „Sittenwächter" behindert, was allerdings in den letzten Jahren deutlich abgenommen hat. Alle Kontakte zwischen Mann und Frau, die nicht in einer „mahram"-Beziehung zueinander stehen, sind illegal und werden sofort als sexuell gedeutet.

Durch die rigide Unterbindung der Kontakte mit dem anderen Geschlecht, kommen viele Jugendliche sehr früh in Berührung mit der Gerichtsbarkeit. Sie erfahren hier einen repressiven Staat, der in diesem Bereich einen enormen Aufwand betreibt – um dann bei der Versorgung mit Studienplätzen zu versagen. Im Jahr 2000 bewarben sich 1,5 Mio. Jugendliche auf 130 000 Studienplätze. Die Mehrheit der Studienanfänger der letzten Jahre waren Frauen (63 Prozent an der Universität Teheran). Auch für Mädchen gelten heute Abitur und Studienabschluss als erstrebenswert. Nach dem Studienabschluss sollte es nicht lange bis zur Heirat dauern, denn für Singles gibt es in dieser Kultur keinen Platz. Frauen gelten bereits ab Mitte zwanzig als *torschide*, als versauert, und ziehen Spott auf sich.

In den letzten Jahren vollzieht sich auch in Iran der Übergang zur Kernfamilie, das heißt aber nicht, dass die Werte sich geändert hätten. Die Familie spielt in der Gesellschaft eine zentrale Rolle. Im Idealfall bietet sie ihren Mitgliedern Hilfe bei der Arbeitssuche, soziale Absicherung, Familienberatung und Heiratsvermittlung. Wichtigste Pflicht der Mitglieder ist es, sichtbaren Respekt gegenüber den Familienältesten zu zeigen. Der zukünftige Ehegatte wird weitestgehend nach Kriterien wie Bildung und dem sozioökonomischen Status ausgesucht.

Heirat ist kein Sakrament, sondern ein zivilrechtlicher Vertrag. Per Vertrag kann sich die Frau das Recht auf Scheidung zusichern lassen – was fast die einzige Möglichkeit für sie ist, die Scheidung gewährt zu bekommen. Um Gültigkeit zu erlangen, ist gemäß dem islamischen Recht für die Heirat eine Geldzahlung (*Mahr*) des Bräutigams an die Braut erforderlich. Sie soll die Braut für den Fall der vom Manne initiierten Scheidung absichern. Nur in einigen Fällen kann sie sich problemlos scheiden lassen: wenn der Mann impotent oder drogenabhängig ist oder über Monate hinweg abwesend. Die Frau kann allerdings auch auf ihre *Mahr* verzichten. Sie kann sich also quasi freikaufen. Dann muss der Mann sie gehen lassen. Problematisch ist jedoch, dass der Mann fast automatisch das Sorgerecht für die Kinder bekommt.

1.4 Religion

Der Islam entstand im siebten Jahrhundert. Gott (persisch: Choda) offenbarte sich ab dem Jahre 610 im heutigen Saudi-Arabien in der Stadt Mekka dem Propheten Mohammad. Die Offenbarungen wurden mündlich weitergegeben und nach dem Tod Mohammads schriftlich niedergelegt. Im Jahre 622 floh Mohammad vor seinen Widersachern nach Medina und übernahm die Regierung der Stadt. Mohammad starb 632, als Nachfolger wurde Abu Bakr zum Kalifen gewählt. Abu Bakr regierte von 632–634, danach folgten Umar (634–644) und Uthman (644–656). Nach der Ermordung Uthmans wurde Ali, der Cousin und Schwiegersohn Mohammads, Kalif. Alis Kalifat wurde aber von Umawiya in Frage gestellt und Ali 661 ermordet. Die Umayaden-Dynastie beanspruchte fortan das Kalifat für sich und vererbte den Titel – eine Entwicklung, die dem eigentlichen Ansatz des Islams diametral entgegensteht.

Das arabische Wort Islam bedeutet Ergebung in den Willen Gottes. Der Stamm des Wortes, die Wurzel s-l-m, steckt auch in Muslim (der sich Gott hingebende) und in salam (dem arabischen Wort für Frieden). Die wichtigsten religiösen Pflichten werden als die fünf Säulen des Islams bezeichnet: das Glaubensbekenntnis, das Gebet, die Pilgerfahrt nach Mekka (Hadsch), das Almosengeben (Zakat) und das Fasten im Monat Ramadan.

Der Islam kennt nur die Umma, die Gesamtheit aller Gläubigen und den einzelnen Gläubigen. Die Zwischenebene, die es im Christentum in Form der Ortsgemeinde mit der damit verbundenen Mitgliedschaft gibt, fehlt. Eine Zentralinstanz, die regelt, was orthodox ist und was nicht, ist ebenfalls nicht vorhanden. Die Moschee muss für das Gebet rituell rein sein, kann ansonsten aber ein funktioneller Raum sein. Ähnlich wie im Judentum spielt rituelle Reinheit eine große Rolle im Islam.

Nach dem Tod Mohammads betrachteten die Muslime seine Aussprüche (Hadith) und Taten (Sunna) als zusätzliche Rechtsquellen neben dem Koran. Hier deutet sich bereits die Vorstellung von Mohammad als perfektem Menschen an. Seine Taten sind zur Nachahmung empfohlen.

Weitere Rechtsquellen sind der Konsens der Gläubigen, der Analogieschluss und der Idschtihad. Nach dem Tod des Propheten stellte sich das Problem, wie man Fragen, die nicht durch den Koran oder Hadith bereits definitiv entschieden sind, klären kann. Hier griff man auf den Idschtihad zurück. Das Wort Idschtihad bedeutet soviel wie „sich abmühen" und steht für den Einsatz der Vernunft zur Klärung nicht geregelter Fragen, also für das selbstständige Räsonieren in Glaubensfragen. Gott hat dem Menschen den Verstand gegeben, damit er den Willen Gottes erkennen kann. Die durch Einsatz von Idschtihad erzielte Lösung ist, wie jeder menschliche Gedanke, fehlbar und damit revidierbar. Lange Zeit herrschte innerhalb der Islamwissenschaft die Auffassung vor, dass der Idschtihad bei den Sunniten nur bis zum 10. Jahrhundert zulässig war. Dann soll, um die Einführung neuer Lehren zu verhindern, das „Tor des Idschtihad" geschlossen worden sein. In der Forschung ist diese Version heute umstritten. Die Vertreter des sunnitischen Reformislams, entstanden im 18. Jahrhundert, bejahen den Idschtihad. Unter den Schiiten gab es zwar Kontroversen in dieser Frage, geschlossen wurde das Tor des Idschtihad jedoch nie.

Das islamische Ritual bedarf keiner religiösen Spezialisten. Sie bildeten sich erst heraus, als das islamische Recht entstand. Aus Hadith-Sammlern wurden im Lauf der Jahrhunderte die Ulama (pl. von Alem, der Wissende, im persischen Plural olama). Anstatt mit „Geistlichen" sollte man den Begriff Ulama besser mit „die Rechtsgelehrten" übersetzen. Zu den Aufgaben der Ulama gehörten Bildung und Rechtsprechung. Die Ausbildung der Ulama erfolgt durch ein Studium des islamischen Rechts an einer theologischen Hochschule, der Madrasa. Diese Institution gibt es seit dem 11. Jahrhundert. In der Schia wurden die Ulama zum „Mittler" zwischen Gott und dem Menschen, eine Entwicklung, zu der es im sunnitischen Islam nicht kam.

Die Schia

Die Gemeinschaft der Muslime spaltete sich gleich nach dem Tode Mohammads. Die Nachfolgeregelung per Wahlverfahren wurde von einer Minderheit der Muslime abgelehnt, den Schiiten. Schia bedeutet so viel wie Anhänger der Partei Alis. Zunächst war die Schia nur eine politische Bewegung, die die Macht für Ali und seine Nachfahren wollte. Zu einer Konfession oder einer religiösen Bewegung entwickelte sich die Schia erst nach dem Tod Husseins in der Schlacht von Kerbela im Jahre 680. Nach dieser Tragödie wandte sich ein großer Teil der Schiiten von der Politik ab. Die Schia wird oft fälschlicherweise für typisch persisch gehalten, doch die Perser sind erst seit dem 16. Jahrhundert mehrheitlich Schiiten. Die ersten Schiiten waren Araber.

Die Schiiten sind davon überzeugt, dass Mohammad den Mann seiner Tochter Fatima, Ali, vor seinem Tod zum Nachfolger ernannt hat. Er wurde jedoch nicht Kalif. Vor ihm wählte die Gemeinde drei andere Männer zu den Nachfolgern Mohammads.Nach Auffassung der Anhänger Alis war die Wahl der ersten drei Kalifen eine Fehlbesetzung, eine schwere Sünde sogar. Diese lange als „unrechtmäßig" bezeichneten Kalifen wurden bis in die jüngste Vergangenheit hinein bei schiitischen Feierlichkeiten verflucht. Das *Omar-Koschan*, das Abbrennen einer Puppe, die den dritten Kalifen darstellt, war bei bestimmten religiösen Zeremonien gängige Praxis.

Die heute lebenden Schiiten glauben, dass die jetzige Form der Schia identisch ist mit jener der frühen Schiiten. Historisch ist das jedoch nicht haltbar. Mit Mohammad endete das Zeitalter der Propheten, und die Offenbarung galt als abgeschlossen. Danach fiel die Aufgabe, die Gläubigen anzuleiten, den Imamen zu. Mohammad gab den Gläubigen „den Koran und seine Familie", um sie auf den richtigen Weg zu führen. So lautet zumindest die Auffassung der Schiiten. Als erster Imam gilt Ali, nach ihm gab es – aus Sicht der Zwölferschiiten – noch elf weitere, seine Nachkommen. Da Mohammad keinen Sohn hatte, lief die Nachfolge über seine Tochter Fatima. Mohammad, Fatima und die zwölf Imame werden als die vierzehn Sündlosen verehrt. Neben dem Glauben an den einen Gott (tauhid), an seinen Propheten Mohammad (nubuwwat) und die Auferstehung (adl) glauben die Schiiten an zwei weitere religiöse Grundsätze: die Gerechtigkeit Gottes (adl) und das Imamat (imama). Das Imamat begründen die Schiiten ausgehend vom Prinzip der Gerechtigkeit Gottes. Sie argumentieren, es wäre ungerecht von Gott, ohne die dazu nötige Anleitung die Befolgung seiner Gebote zu verlangen. Deshalb muss es, solange es Gebote gibt, auch einen Lehrer geben, eben den Imam. Er muss unfehlbar sein und ohne Sünde, sonst könnte er die Gläubigen in die Irre führen. Auch das Imamats-Konzept funktionierte allerdings nur in der Theorie, denn in der Geschichte gab es mehrfach Streit über die Nachfolgeregelung. Nach dem Tod des vierten Imams bestand innerhalb der schiitischen Gemeinschaft kein Konsens mehr über die Nachfolge. Neben der so genannten Siebener- und der Zwölfer-Schia gibt es daher auch noch die Vierer-Schia. Die Mehrheit der Schiiten folgt heute der Zwölfer-Schia.

Von den auf Ali folgenden elf Imamen übte keiner mehr politische Macht aus. Der zweite Imam, Alis Sohn Hassan, soll unter Zwang auf das Kalifat verzichtet haben. Sein Bruder Hussein, der dritte Imam, der bis dahin ein zurückgezogenes Leben in Medina geführt hatte, wurde von den Bewohnern der im Irak liegenden Stadt Kufa gerufen, um eine Revolte gegen den tyrannischen Umajaden-Kalifen Jazid anzuführen: Am 2. Oktober des Jahres 680, nach islamischer Zeitrechnung dem 2. Muharram des Jahres 61, stellt eine mehrere tausend Mann starke Streitmacht Jazids Hussein und seine Anhänger in der Ebene von Kerbela, im heutigen Irak. Am 10. Muharram kommt es zum letzten Gefecht, das keiner von Husseins Kämpfern überlebt. Für Schiiten steht Kerbela nicht einfach nur für eine Tragödie. Sie glauben, dass alle Imame – bis auf den zwölften – als Märtyrer starben. Dieses Leiden der Imame, vor allem Husseins und seiner Gefährten, spielt im kollektiven Gedächtnis der Schiiten eine prägende Rolle. Die Sündlosen nehmen stellvertretend die Strafe, die eigentlich den sündigen Menschen gebührt, auf sich. Sie leiden für die islamische Gemeinschaft. Das Selbstopfer befähigt die Märtyrer zudem, zwischen Gott und dem Menschen zu vermitteln und für ihn Fürsprache einzulegen. Dieser Glaube an das stellvertretende Leiden kommt christlichen Vorstellungen sehr nahe, der Sündenbegriff mit der damit verbundenen Erlösungsbedürftigkeit des Menschen ist aber ein anderer.

Im Laufe der Jahrhunderte bildeten sich bei den Schiiten rituelle Trauerzeremonien heraus. Ihren Höhepunkt erreichen sie in den zehn ersten Tagen des Monats Muharram, dem ersten Monat des islamischen Jahres. Die Schiiten durchleben dabei erneut das Drama von Kerbela durch Prozessionen, Selbstgeißelungen, religiöse Theateraufführungen (Taziye), die Husseins letzten Kampf szenisch darstellen sowie Klagevorträge bezahlter Redner.

Im Mittelpunkt eines jeden der zehn Gedenktage steht eine andere Begebenheit des Passionsgeschehens. Der neunte (Tasua) und der zehnte (Aschura) Tag des Muharram sind der Höhepunkt der Feiern. An diesen Tagen steht der Tod Husseins im Mittelpunkt. Zum Ritual gehört die Selbstgeißelung. Andere tragen als Zeichen der Reue weiße Totenhemden, um ihre Bereitschaft zum Martyrium zu bezeugen. Innerhalb der Geistlichkeit stießen diese Bräuche immer wieder auf Ablehnung. In Iran ist die Selbstgeißelung inzwischen verboten. Sie sei nicht förderlich für das Bild Irans im Westen, befand Revolutionsführer Chamenei vor einigen Jahren. Trotzdem zelebrieren die Gläubigen sie weiterhin. Die Geistlichkeit steckt hier in einem Dilemma: Für den Status eines Geistlichen ist es sehr wichtig viele Anhänger zu haben und deshalb sind viele bereit, auch „unorthodoxe" Ideen und Bräuche zu dulden, ja sogar zu rechtfertigen.

Erst Dschafar, der sechste Imam, der im achten Jahrhundert lebte, verlieh der Schia schärfere Konturen. Er formulierte die Imamatslehre. Den Gläubigen wurde erlaubt, sich zu verstellen und sogar ihren Glauben zu leugnen, wenn ihnen Gefahr für Leib und Leben drohte. Auf den Vorwurf, dieses Verhalten sei feige, wird erwidert, dass zum Mittel der Takiya, der Verstellung, nur gegriffen werden darf, wenn es keinen anderen Ausweg gibt und wenn jeglicher Widerstand sinnlos wäre. In diesem Fall gilt die Lüge nicht als Sünde.

Der achte Imam der Schia, Imam Reza, starb im Jahre 818 bei Nischapur im Osten Irans. Sein Grab ist das größte in Iran liegende schiitische Heiligtum. Die Stadt Maschhad, in der es sich befindet, entstand erst durch den Schrein. Die Schwester des achten Imams ist in Ghom begraben, dem zweitwichtigsten Wallfahrtsort des Landes. Die Grabstätten aller anderen

Imame befinden sich außerhalb Irans, die wichtigsten im Irak. Die wichtigsten Wallfahrtsorte der Schiiten nach Mekka sind Medina (Mohammads Grab), Kerbela (Husseins Grab) und Nadschaf (Alis Grab). Die Schiiten messen dem Besuch der Heiligengräber eine ganz besondere Bedeutung zu, denn die Imame fungieren auch über ihren Tod hinaus als Vermittler und Fürsprecher zwischen Gott und dem Menschen. Im Volksglauben spielt die Verehrung von Fatima, der Tochter des Propheten Mohammad, eine große Rolle. Sie erinnert in mancherlei Hinsicht an die Marienverehrung im Katholizismus. Die Pilgerfahrt bringt den Pilgern einen erheblichen Prestigezuwachs. Sie dürfen sich nach dem besuchten Ort z.B. Maschhadi nennen. Nach „orthodoxer" zwölfer-schiitischen Vorstellung enthebt der Besuch der Imamgräber zwar nicht von der Pflicht zur Pilgerfahrt nach Mekka, im Bewusstsein der Masse gilt er aber als etwas zumindest Vergleichbares.

Nach dem Tod des elften Imam im Jahre 874 herrschte unter den Gläubigen Verwirrung darüber, ob er einen Nachfolger designiert habe. Schließlich setzte sich die Überzeugung durch, dass er seinen Sohn Mohammad ibn Hassan zum Nachfolger bestimmt habe. Der habe sich im Jahr 874 noch als Kind in die Verborgenheit (ghayba) zurückgezogen. Weil die Welt nach schiitischer Ansicht ohne Imam nicht bestehen kann, schloss man, dass der Imam noch auf Erden weilt und sich nur irgendwo verborgen hält. Dass der Imam in die Verborgenheit ging, wird mit einer drohenden Gefahr begründet, der er sich so entzog. Während der „kleinen Verborgenheit", die von 874 bis 940 dauerte, soll der Imam über vier aufeinander folgende Bevollmächtige (wakil) noch in Kontakt mit den Gläubigen gestanden haben. Jedoch erklärte der vierte Wakil vor seinem Tod, dass es keinen weiteren Wakil mehr geben werde. Die Gläubigen warten auf die Rückkehr des Imam, des Mahdi, der eschatologisch dem jüdischen Messias vergleichbar ist. Nach schiitischer Auffassung wird der Mahdi, wenn er aus der Verborgenheit zurückgekehrt ist, der Welt Gerechtigkeit bringen und den wahren Islam wiederherstellen. Seit Alters her ist dies mit Vorstellungen von der Wiederkehr des goldenen Zeitalters verbunden. Den Zeitpunkt seiner Rückkehr kennt niemand.

In der Zeit der Großen Verborgenheit übernahmen die Geistlichen die Führung der religiösen Gemeinde. Lange Zeit herrschte unter ihnen ein Konsens darüber, dass bestimmte Rechte nur dem Imam gebühren: zu herrschen, Krieg zu führen, Rechts-Entscheidungen zu fällen, die Kriegsbeute zu verteilen, das Freitagsgebet zu leiten, und zakat (Almosen) und choms, den Fünften, entgegenzunehmen und zu verteilen. Der Fünfte ist eine nur bei den Schiiten vorgeschriebene Abgabe. Sie umfasst den fünften Teil des zu versteuernden Einkommens. Eine Hälfte des Fünften steht dem Imam zu, die andere den Sayyids, das heißt den Nachkommen des Propheten.

Laut schiitischer Auffassung ist der Imam als Nachfolger des Propheten und als Garant der von Gott gewollten irdischen Ordnung der einzige rechtmäßige Herrscher auf Erden. Jede nicht von ihm delegierte Autorität und Macht gilt im schlimmsten Fall als usurpiert und im besten Fall als provisorisch. Das heißt aber nicht, dass die Schiiten sich in der Geschichte gegen jede Herrschaft aufgelehnt haben. Der Gedanke, dass ohnedies nur die Herrschaft des Mahdi wirklich legitim ist, führte eher zur politischen Passivität der Geistlichen.

Die Schiiten haben dieselben Rechtsquellen wie die Sunniten, erkennen jedoch zusätzlich auch die Überlieferungen der Imame an. Bis zum Beginn der Großen Verborgenheit standen die Gläubigen in direktem Kontakt zum Imam und brauchten daher keinen Idschtihad. Später dann gewann er bei ihnen eine viel größere Bedeutung als bei den Sunniten. Das Instrument des Idschtihad macht das schiitische Recht sehr flexibel und wandlungsfähig. Es war diese Flexibilität, die eine lange andauernde Kontroverse über die Zuverlässigkeit des Idschtihad auslöste. Hier standen sich die sogenannten Akhbari und die Usuli gegenüber. Die Akhbari waren der Auffassung, dass der Koran und die mündlichen Überlieferungen (Akhbar, daher der Name Akhbari) des Propheten und der Imame als

Rechtsquellen ausreichten. Alle Fragen und juristischen Probleme sind durch sie hinreichend beantwortet bzw. im Analogieschluss klärbar – und zwar von jedem halbwegs Gebildeten, also auch von den einfachen Gläubigen selbst. Die Notwendigkeit, mit diesen Aufgaben eine bestimmte Klasse zu beauftragen, sahen die Akhbari nicht. Vor allem standen sie der Überbetonung der Rolle der menschlichen Vernunft zur Beantwortung juristischer Fragen skeptisch gegenüber. Die Usulis hingegen betonten die Zulässigkeit der Vernunft. Doch nur die Spezialisten des islamischen Rechts sollten sie zur Lösung juristischer Probleme einsetzen. Dadurch war nur den Rechtsgelehrten, den Mudschtahids, der Idschtihad möglich, die breite Masse der Gläubigen sollte sich bei Fragen an einen Mudschtahid wenden und dessen Weisungen befolgen. Der Mudschtahid ist (heute nur noch theoretisch) Mardscha at-taqlid (Quelle der Nachahmung) für den Gläubigen, der als Muqallid (der Nachahmer) bezeichnet wird. Der Gläubige soll seinem Mardscha auch den Fünft zukommen lassen.

Der Konflikt zwischen den Usuli und den Akhbari wurde nicht nur mit Worten, sondern auch mit Gewalt ausgetragen. Es war üblich, die Gegner zu Ungläubigen zu erklären (takfir), was sie das Leben kosten konnte. Im 18. Jahrhundert setzten sich die Usuli gegenüber den Akhbari endgültig durch, und erst seitdem hat die Zwölferschia ihr heutiges Gesicht.

Die Berechtigung (ijaza) zum selbstständigen Räsonnieren in Glaubensfragen, zum ijihad, bekommt ein Student des islamischen Rechts am Ende eines langes Studiums in einer theologischen Hochschule. In einer theologischen Hochschule gibt es keine Prüfungen, jeder Student bestimmt sein Lerntempo selber. Auch arme Studenten können studieren, da sie von den Mudschtahids, die an der theologischen Hochschule lehren, mit einem Stipendium versorgt werden. Deren Status ist abhängig von der Zahl ihrer Schüler, zugleich haben sie durch die Stipendien Kontrolle über die Studenten.

Das Studium geht durch drei Phasen. Die erste dauert ca. vier Jahre, die zweite ungefähr fünf. Insgesamt kann das Studium dann bis zu zwanzig Jahren in Anspruch nehmen. Um nur ein einfacher Prediger zu werden, reichen hingegen die ersten Jahre aus. Wer sich in der Lehre bewährt und eine bestimmte Stufe des Wissens erreicht, erhält von einem Mudschtahid die Ijaza, die Erlaubnis, fortan selbständig Idschtihad zu betreiben. Außerdem ist die Anerkennung durch weitere Mudschtahids nötig, erst dann ist man wirklich Mudschtahid.

Es gibt keine Kontrollinstanz, die über den Mudschtahid wachen würde, wenn auch seine Abhängigkeit von den Abgaben, die die Gläubigen an ihn zahlen, durchaus regulierend wirkt. Die Schia verfügt über keine der katholischen Kirche vergleichbare Strukturen. Die schiitische Geistlichkeit hat keine feste Organisation und Verwaltung, auch wenn sie deutlicher hierarchischer gegliedert ist als die sunnitische Geistlichkeit. Der weitere Aufstieg eines Mudschtahid hängt von seiner Fähigkeit ab, Gläubige um sich zu scharen. Zu Beginn des 19. Jahrhunderts stand in der schiitischen Hierarchie zuunterst der einfache Gläubige. Über ihm stand der Mullah, dann folgte der Mudschtahid. Er wurde als Mardscha, als „Quelle der Nachahmung" bezeichnet. Die Zahl der Mudschtahids stieg im Laufe der Jahre rasch an. Um unter der Masse der Mudschtahids zu differenzieren, wurden für die anerkanntesten neue Titel eingeführt. Der erste war Hodschat ol-islam (Autorität des Islam). Als es dann auch immer mehr Träger dieses Titels gab, griff man um 1900 herum zu dem Titel Ajatollah (Zeichen Gottes). In den fünfziger Jahren gab es dann bereits viele Ajatollahs, die angesehensten von ihnen wurden mit dem Titel Ajatollah al-Uzma (größtes Zeichen Allahs) angeredet. Um als Großajatollah anerkannt zu werden, muss der betreffende Kandidat eine Sammlung von Rechtsgutachten herausgegeben haben, eine so genannte Resale.

Im 19. Jahrhundert kam die Idee auf, dass es einen obersten Mudschtahid geben müsse. Verschiedene religiöse Bewegungen, die dass Monopol auf die richtige Deutung des göttlichen Willens durch die schiitische Geistlichkeit infrage stellten, verfügten über ein Oberhaupt und konnten so geschlossener auftreten als die schiitische Geistlichkeit. Dazu kamen neue technologische Möglichkeiten, beispielsweise der Telegraf, der intensivere Kontakte und damit eine Zentralisierung ermöglichte. Durch die enorme Zunahme der Zahl der Mudschtahids kam es zu einem Wirrwarr sich widersprechender Fatwas. Angesichts der Kontrolle der Geistlichkeit über die Justiz waren davon auch die Kaufleute, die Basaris, die in Iran eine fast symbiotische Beziehung zur Geistlichkeit haben, betroffen. Sie hatten also ebenfalls Interesse an einer zentralen Instanz, aber es gelang dennoch in den letzten Jahrhunderten nur einigen wenigen, sich als oberster Mudschtahid durchzusetzen.

Im Gegensatz zur sunnitischen Geistlichkeit, die vom Staat abhängig ist, nahm die schiitische Ulama in Iran bis zur Revolution 1979 eine unabhängige Stellung ein. Möglich war dies, weil man durch den *Choms* finanziell unabhängig war, und außerdem residierten die höchsten religiösen Autoritäten meist in der Nähe der wichtigsten Pilgerstätten, also im Irak und waren damit dem Zugriff der iranischen Staatsmacht entzogen. Das letzte Vorrecht des Imam, das die schiitischen Geistlichen nicht antasteten, war sein Recht zu herrschen. Doch auch das sollte sich ändern.

Religiöse Minderheiten

Neben den beiden islamischen Konfessionen der Sunniten und Schiiten leben in Iran noch die religiösen Minderheiten der Zoroastrier, der Juden sowie der Christen, die sich in Assyrer und Armenier aufspalten. Diese Minderheiten sind offiziell anerkannt, im Parlament haben sie ihre eigenen Abgeordneten. Die religiöse Minderheit der Bahai wird von der Islamischen Republik nicht anerkannt. Ihre Anhänger werden verfolgt. Der Zoroastrismus – benannt nach dem Propheten Zarathustra – war im Altertum und im frühen Mittelalter die Staatsreligion Irans. Im Zuge der Islamisierung ging die Zahl der Anhänger immer mehr zurück. Außerdem wanderten immer mehr Zoroastrier nach Indien aus. Heute leben dort die meisten Anhänger dieser Religion, die „Parsen". In Iran gibt es heute nur noch ca. 30000 Zoroastrier. Die meisten von ihnen leben in Yazd sowie in der in Zentraliran gelegenen Stadt Kerman und in Teheran.

Die Juden kamen schon zu Zeiten des Alten Testaments nach der babylonischen Gefangenschaft nach Iran. Von dem Perserkönig Kyros ins Land geholt, suchten sie der Legende nach einen Ort, wo sich die Erde so anfühlte wie in Jerusalem. Sie fanden ihn am Zayanderud, am Leben spendenden Fluß und gründeten Dschubare, das spätere Isfahan. Bis heute verstehen sich die Juden der Stadt daher als die echten Isfahanis. Sie assimilierten sich im Laufe der Zeit. Die meisten sprechen Persisch als Muttersprache.

In der Schahzeit gab es eine diplomatische und politische Beziehungen zwischen Israel und Iran. Die Islamische Republik Iran hingegen ist Israel feindlich gesonnen. Auch aus diesem Grund wanderte nach der Revolution die Hälfte der Juden aus. Heute beläuft sich ihre Zahl gerade einmal noch auf ca. 50000.

Die iranischen Christen teilen sich in Assyrer (ca. 32000) und Armenier (ca. 250000). Die Assyrer sind die Nachfahren der Mitglieder der Nestorianischen Kirche, die im Altertum und frühen Mittelalter in Iran bestand. Die Armenier leben heute vor allem in Isfahan und im Nordwesten Aserbaidschans.

Die Bahai-Religion wurde im 19. Jahrhundert aus dem Versuch heraus geboren, den schiitischen Islam zu reformieren. Der Begründer Sayed Mirza Ali Muhammed trug den Titel „Bab". Seine Anhänger wurden Babis genannt. Nach seiner Hinrichtung spaltete sich die Bewegung: Die größere Gruppe stellen die Bahais. Sie gelten der schiitischen Geistlichkeit als abtrünnige Muslime, weil sie Mohammad zwar als Propheten anerkennen, aber meinen, nach ihm habe es noch einen weiteren, Bahaullah, gegeben. Mohammad ist nach Auffassung der Bahais nicht das „Siegel des Prophetentums". Die Bahai-Religion hat viele Elemente des Islams – und ebenso des Juden- und Christentums – aufgenommen, geht aber davon aus, dass eine Weiterentwicklung stattgefunden hat. Weil für die Muslime die Offenbarung mit Mohammad ihr Ende gefunden hat und sie den Bahais deshalb vorwerfen, kollektiv vom Glauben abgefallen zu sein, wurden sie in der iranischen Geschichte immer wieder verfolgt.

2. Die Entstehung des modernen Iran

Im 7. Jahrhundert nach Chr. erobern die Araber Persien und islamisieren das Sassanidenreich. Iran wird für die nächsten Jahrhunderte zu einem Teil des Kalifenreiches. Innerhalb des Kalifats bilden sich im Laufe der Zeit Regionalreiche. In Ostiran entsteht im 10. Jahrhundert die Samanidendynastie. Im 16. Jahrhundert stellt die Dynastie der Safawiden das Perserreich wieder her. Es umfasst das heutige Staatsgebiet und Teile Afghanistans sowie Zentralasiens und des Kaukasus. Die Safawiden führen im bisher überwiegend sunnitischen Iran die Zwölfer-Schia als Staatsreligion ein. Im 18. Jahrhundert ist dann aber ihr Reich so geschwächt, dass eine afghanische Streitmacht es ohne große Mühe erobern kann.

2.1 Die Kadscharen

Nach Jahrzehnten der Wirren beendet Agha Khan Kadschar – gestützt auf seinen turkstämmigen Stamm – Ende des 18. Jahrhunderts die Herrschaft der Safawiden. Damit hebt er die Fragmentierung des Landes auf. Das geopolitische Vakuum, das um Iran herum besteht, wird kurz danach durch die Expansion Russlands und Großbritanniens gefüllt. In zwei Kriegen mit dem nach Süden expandierenden Zarenreich verliert Iran Nordaserbaidschan. Seitdem (1828) besteht Iran in seiner heutigen Form. In der russischen Expansion sehen die Briten eine Bedrohung ihrer Kolonie Indien. Sie bemühen sich das ganze 19. Jahrhundert hindurch, Iran als Pufferzone gegen diese Expansion zu erhalten. Das gilt auch für Afghanistan.

Die britisch-russische Rivalität verhindert zwar, dass Iran eine Kolonie wird, nicht aber die wirtschaftliche Durchdringung des Landes durch beide Mächte. Faktisch liegt die Macht in ihren Händen.

Die Kadscharen machen Teheran zur Hauptstadt. Trotzdem bleibt aufgrund ihrer wirtschaftlichen Bedeutung Täbris die wichtigste Stadt Irans. Das Reich verfügt nur über schlechte Verkehrs- und Nachrichtenverbindungen. Außerdem besitzt Iran im 19. Jahrhundert nur eine rudimentäre Staatsverwaltung. Bildung und Justiz liegen in den Händen der Ulama. Bis ins 20. Jahrhundert hinein erfolgt die höhere Bildung in theologischen Hochschulen. Steuern werden mittels Verpachtung an Steuerpächter erhoben – eine sehr ineffiziente Methode. Daher ist es um die Finanzen des Reiches nicht gut bestellt. Auch die Armee verfällt immer mehr. Die Kadscharen verdanken ihre Macht im wesentlichen ihrer Taktik des „divide et impera", des „teile und herrsche". Nach mehreren Niederlagen gegen die Russen nehmen die Kadscharen die Modernisierung der Armee in Angriff. Sie führen westliche Technologie und ein westliches Bildungssystem ein. Damit erregen sie den Widerstand der traditionalistischen Kräfte. Mehrere Reformanläufe zeitigen nur bescheidene Ergebnisse. Im Jahre 1848 besteigt Nasreddin Schah den iranischen Thron. Unter seiner Herrschaft wird Iran in den Weltmarkt integriert. Baumwolle und Opium werden für den Export produziert. 1872 vergibt der Schah eine Konzession an den Briten Julius de Reuter, die ihm zahlreiche Exklusivrechte beispielsweise über Bodenschätze gewährt. Schließlich muss Nasreddin Schah die Konzession auf Druck der Russen widerrufen.

Da intensive Handelsbeziehungen zwischen den Reichen bestehen, sind die Iraner über die politischen und gesellschaftlichen Veränderungen im benachbarten Osmanen- und Zarenreich gut informiert. In Russland tritt die Dschadiden-Bewegung für eine Modernisierung der muslimischen Gemeinschaft ein. Wichtige iranische Reformer des 19. Jahrhunderts sind Fath Ali Achundzadeh, Mirza Malkum Khan und Sayyid Dschamaleddin al-Afghani. Afghani ist einer der Vorreiter des Panislamismus, einer Bewegung, die den Idschtihad nutzt, um neue Antworten auf aktuelle Fragen zu geben. Angesichts der Gefahr, mit der die islamische Welt durch den europäischen Kolonialismus konfrontiert sei, müssten sich die Muslime vereinen. Stark für den Kampf würden sie durch die Praktizierung eines richtig verstandenen Islam. Afghanis Ideen mündeten in einen revolutionären Panislamismus, der die politische Einheit aller Muslime anstrebt.

Im 19. Jahrhundert beginnt die Oberschicht, ihre Söhne zum Studium nach Europa zu schicken. Sie kommen mit neuen Ideen zurück und besetzen nicht selten wichtige Staatsämter. In den siebziger Jahren entwickelt sich im ehemals persischen Baku die Ölindustrie, und in den nächsten Jahrzehnten strömen Hunderttausende von Nordiranern nach Baku, um dort zu arbeiten. Viele von ihnen werden von den Ideen der russischen Sozialisten beeinflusst, die unter den Arbeitern sehr aktiv sind. 1879 gründet der Schah nach russischem Vorbild die Kosakenbrigade, seine persönliche Leibwache. Sie untersteht russischen Offizieren. Die Kosakenbrigade wird für Jahre die einzig schlagkräftige Einheit im Reich sein.

Die Tabakrevolte

Die Vergabe einer Konzession, die dem Briten Major G. F. Talbot das Monopol auf den Tabakanbau und -handel einräumt, führt 1891 zu einer Revolte. Eine wichtige Rolle spielen Afghani und Kaufleute, die ihre Verbündeten, die Ulama, mobilisieren. Irgendwann im Laufe der Zeit zirkuliert dann eine Fatwa der obersten „Quelle der Nachahmung“, des Groß-Ajatollahs Mirza Hassan Schirazi, die dazu aufruft, nicht mehr zu rauchen. Heute weiß man, dass dieses Rechtsgutachten gar nicht von Schirazi stammte, aber er stellt sich hinter die Fatwa. Die Bevölkerung befolgt den Aufruf und stellt das Rauchen ein. Der Schah muss nachgeben und die Konzession widerrufen. Für die iranische Staatskasse und den Schah ist dies mit großen finanziellen Verlusten verbunden.

Die Tabakrevolte zeigt, welche Macht die Ulama haben. Dennoch erheben sie aber keinen Anspruch auf die politische Macht und stellen die Herrschaft des Schahs nicht grundsätzlich in Frage. Gemäß zwölferschiitischer Theorie ist der zwölfte Imam, der in der Verborgenheit lebt, der einzig legitime Herrscher. Jedwede sonstige Herrschaft gilt ihr als illegitim. Dies wird oft dahingehend gedeutet, als wären die Ulama deshalb schon immer in der politischen Opposition gewesen. Das aber ist irreführend. Die Ulama befolgen seit Jahrhunderten die auch unter Sunniten geltende Maxime: „Besser ein schlechter Herrscher als Chaos." Nur vereinzelt erheben sich Stimmen, die die Herrschaft der Ulama fordern. Bedingt durch den Triumph der Usuli im 19. Jahrhundert, der zur Folge hatte, dass die Geistlichen immer mehr Befugnisse des Imam übernehmen, stellt sich auch die Frage, ob die Ulama nicht – über die akzeptierte Rolle des Vormunds für Waisen, Minderjährige und Geisteskranke hinaus – eine politische Funktion als Statthalter des 12. Imams auf Erden haben. Der Gedanke setzt sich jedoch nicht durch. Erst Ajatollah Chomeini, der das Konzept im 20. Jahrhundert ausformuliert, macht es zur Grundlage der Islamischen Republik.

2.2 Die Verfassungsrevolution

1896 wird Nasreddin Schah von einem Anhänger Afghanis ermordet. Sein Sohn Mozzaffereddin (1896–1907), der ihm auf dem Thron nachfolgt, ist ein schwacher Herrscher. 1901 vergibt er eine Erdölkonzession an den Briten William Knox D'Arcy, ohne zu ahnen, welch gewaltige Bedeutung die Ölindustrie im 20. Jahrhundert in Iran spielen wird. Die Konzession gilt – bis auf vier Nordprovinzen – für ganz Iran und berechtigt D'Arcy zur Förderung von Erdöl und zum Bau von Pipelines. Dafür erhält Iran vom Endgewinn einen Anteil in

Höhe von sechzehn Prozent. Die Art und Weise wie die Anglo Persian Oil Company (APOC) mit den ihr gewährten Vorrechten umgeht, erregt den Zorn vieler Iraner, denn der Staat hat nicht einmal das Recht, die Bücher der APOC einzusehen. Hinzu kommt, dass die APOC den Endgewinn nach Belieben manipulieren kann. Zuerst zieht sie die Steuern ab, die sie an die britische Regierung entrichten muss. Dies führt dazu, dass die britische Regierung wesentlich mehr Einnahmen aus dem iranischen Öl erzielt als die iranische. Außerdem gewährt die APOC der britischen Flotte großzügige Rabatte. Oft steckt die Anglo Persian Oil Company darüber hinaus einen großen Teil der Gewinne in die Rücklagen – so kommt ein lächerlicher Endgewinn heraus. Hinzu kommt, dass Ausländer nicht der Gerichtsbarkeit der persischen Behörden unterstehen und sich somit bei Verstößen gegen iranische Gesetze nicht strafbar machen. Das alles empört die Bevölkerung und bringt sie gegen die ausländischen Mächte auf.

Im Jahre 1905 kommt es in Iran zur so genannten Verfassungsrevolution. Um eine Revolution im klassischen Sinne, die die Beteiligung größerer Massen und eine völlige Umwälzung der Strukturen voraussetzt, handelt es sich bei ihr allerdings nicht. Sie ist nur auf zwei Städte beschränkt und findet im wesentlichen in Teheran und Täbris statt. Die Träger der Revolution stammen aus denselben Schichten wie die der Tabakrevolte des Jahres 1891: Es sind Kaufleute, Ulama, religiöse Dissidenten und Sozialisten. Entsprechend unterschiedlich sind ihre Ziele. Auslöser der Proteste ist die willkürliche Bestrafung einiger Kaufleute. An die Spitze der Bewegung setzen sich zwei der führenden Teheraner Mudschtahids, die Ajatollahs Abdallah Behbehani und Sayyed Mohammad Tabatabai.

Vor den Angriffen der Regierungstruppen flüchten Ulama, Kaufleute und andere Protestierende in einen Schrein in der Nähe Teherans. Damit nutzen sie ein traditionelles Zufluchtsrecht, das sogenannte „bast". Der Schrein darf von den Regierungstruppen nicht betreten werden. Zu ihren Forderungen gehört ein so genanntes „Haus der Gerechtigkeit". Was darunter zu verstehen ist, ist ihnen allerdings selber nicht klar. Nach 25 Tagen lenkt der Schah ein und verspricht, der Forderung nachzukommen. Als das nicht geschieht, regt sich im Juli 1906 neuer Widerstand. Nachdem die Regierung erneut Truppen gegen Demonstranten einsetzt, suchen die Ulama wieder Zuflucht im Schrein. Dadurch kommen die Geschäfte in Teheran zum Erliegen. Daraufhin verspricht der Schah schließlich den Aufständischen eine Verfassung. Im Herbst findet die erste Parlamentswahl statt. Allerdings gibt es noch kein allgemeines Wahlrecht. Es sind nur sechs Klassen von Bürgern wahlberechtigt. Ende des Jahres 1906, kurz vor seinem Tod, unterzeichnet Mozaffereddin die Verfassung.

Der neue Schah Mohammad Ali (1907–1909) legt zwar bei seiner Thronbesteigung einen Eid auf die Verfassung ab, hält sich jedoch nicht an sie. Zunächst aber sind ihm die Hände gebunden: Die Briten, auf deren Unterstützung er angewiesen ist, können wegen der öffentlichen Meinung in England nicht zulassen, dass die Verfassung abgeschafft wird. Im Jahre 1907 will das Parlament die Verfassung, die seinerzeit in aller Eile entstanden ist, erweitern. Das allerdings führt zu Konflikten innerhalb des „revolutionären" Lagers. Scheich Fazlollah Nuri setzt durch, dass der sogenannte Wächterrat in die Verfassung aufgenommen wird. Seine Aufgabe ist es, die Vereinbarkeit der vom Parlament verabschiedeten Gesetze mit dem islamischem Recht zu überprüfen. Der Wächterrat tritt allerdings in den folgenden Jahren nur ein einziges Mal zusammen. Nuri entwickelt sich zum Gegner einer konstitutionellen Monarchie. Das in der Verfassung festgelegte Prinzip, dass alle Gewalt vom Volk ausgehe, hielt er für eine Einschränkung der Souveränität Gottes – und somit für unzulässig. Nuri soll später zum großen Vorbild für Ajatollah Chomeini werden.

Angesichts der Spannungen in Europa, die bald zum 1. Weltkrieg führen, schließen Russland und Großbritannien

1907 ein Geheimabkommen und grenzen ihre Einflussbereiche in Iran und Afghanistan ab: Die Russen herrschen über Nord-Iran, die Briten über den Südosten des Landes. Hinzu kommt eine „neutrale Zone" um die Hauptstadt Teheran herum.

1908 löst der Schah das Parlament auf. Damit ist das Verfassungsprojekt gescheitert. In der Bevölkerung aber gärt es: Die in die Revolution gesetzten Erwartungen haben sich nicht erfüllt, die wirtschaftliche Lage ist noch schlechter als zuvor. Hinzu kommen große Sicherheitsprobleme. Teheran verliert die Kontrolle über die Provinzen.

1909 besetzen die Russen schließlich die Stadt Täbris, die als einzige der Konterrevolution widerstanden hat Die vertriebenen Revolutionäre marschieren nun jedoch auf Teheran. Außerdem rücken die Führer der Bachtiaren-Stammeskonföderation mit mehreren tausend Kriegern von Süden aus gegen Teheran vor. Die verbündete Opposition erobert Teheran. Mohammad Ali Schah wird abgesetzt und geht ins Exil. Neuer Schah wird sein minderjähriger Sohn Ahmad, der der letzte Herrscher der Dynastie sein wird. Scheich Fazlollah Nuri, der den Schah aktiv unterstützt hatte, wird hingerichtet.

1911 beruft das Parlament den Amerikaner Morgan Shuster zum Finanzberater. Seine Maßnahmen führen zur Verbesserung der Finanzlage der Regierung. Shuster betrachtet Iran als unabhängiges Land und ignoriert damit die geopolitischen Realitäten. Er gewinnt dadurch aber die Zuneigung der persischen Nationalisten. Die Briten und vor allem die Russen reagieren erwartungsgemäß äußerst feindselig darauf, dass jemand ihre Machtposition in Frage stellt. Das Zarenreich erzwingt schließlich, dass Shuster abgesetzt wird. Außerdem wird das Parlament aufgelöst.

1914 beginnt der Erste Weltkrieg – mit dramatischen Folgen für Iran: Die Neutralitätserklärung der iranischen Regierung wird von den Kriegsgegnern nicht beachtet. Osmanische und russische Truppen bekämpfen sich im Nordwesten, deutsche Offiziere liefern sich im Süden – verbündet mit persischen Nationalisten und Stämmen – heftige Kämpfe mit den Briten. Im Februar 1917 bricht in Russland die Revolution aus, der Zar dankt ab. Aus Furcht vor einer deutsch-türkischen Offensive in Indien bauen die Briten einen Abwehrriegel in Iran auf. Nach dem Ende des Ersten Weltkrieges hat sich für die Briten Grundlegendes geändert. Russland, wo bis 1920 ein Bürgerkrieg tobt, spielt für die nächste Zeit zwar keine Rolle mehr in Iran. Das britische Empire selber allerdings geht erheblich geschwächt aus dem Krieg hervor. Es fehlt ihm an Finanzen wie an Soldaten, um den Zerfall des bisherigen Reichs aufzuhalten. Hinzu kommt, dass der amerikanische Präsident Wilson während des Krieges erfolgreich das Selbstbestimmungsrecht der Völker thematisiert. Deshalb können Russland und Großbritannien ihre bisherige Form des Kolonialismus, die auf dem Recht des Stärkeren beruht, nicht mehr fortsetzen. Die Briten setzen nun auf eine legalistische Strategie. Sie berufen sich auf Verträge, die sie allerdings zum Teil erzwungen haben. Wenn dann die jeweiligen Landesregierungen die britische Dominanz beenden oder auch nur einschränken wollen, geben sich die Briten als Betrogene, deren Rechte man verletze. Zudem verfolgen sie nach dem Krieg keine einheitliche Linie mehr in ihrer Orientpolitik. Verschiedene Machtzentren wie die britische Regierung von Indien, das Außenministerium in London und auch das Finanzministerium liegen im Streit miteinander.

Das britische Außenministerium versucht 1919, per Vertrag aus Iran ein britisches Protektorat zu machen. Den Briten ergebene Politiker unterzeichnen das sogenannte „Anglo Persian Agreement" (APA). Dabei fließen riesige Bestechungssummen. Angesichts der heftigen Ablehnung, auf die das Agreement in der Öffentlichkeit stößt, wagt es in der folgenden Zeit allerdings kein Ministerpräsident, dem Parlament, das Agreement zur Ratifizierung vorzulegen. Ein Parlament gab es wieder seit dem Beginn des Ersten Weltkrieges. Zwar ist auch dieses Parlament nicht allzu mächtig, aber widersetzt sich erfolgreich dem britischen Druck.

Parallel zur Widerstandsbewegung der Dschangalis in Gilan übernehmen in Täbris aserbaidschanische Nationalisten die Kontrolle und widersetzen sich Teheran. Als nach mehreren Monaten die Kosaken gewaltsam die Kontrolle Teherans über Täbris wiederherstellen, landen die Truppen der Bolschewisten in Anzali, um diese Bedrohung zu beenden und um zugleich auch Gilan zu besetzen. Dort wurde mit dem Aufbau einer Sowjetrepublik begonnen.

Angesichts des immer noch nicht ratifizierten APAs und auf Drängen des britischen Finanzministeriums beschließt London den Abzug seiner Truppen aus Iran. Die britischen Interessen, d.h. die Ölfelder, werden durch verbündete Stammeskrieger (Luren, Bachtiaren und Araber) weiter geschützt. Um Iran zu stabilisieren, wird von wichtigen britischen Akteuren die Installierung eines „starken Mannes" befürwortet. Ein von Kosakenoffizieren und dem Kreis um den pro-britischen Journalisten Sayed Zia ausgearbeiteter Putschplan findet ihre Unterstützung.

2.3 Der Aufstieg der Pahlavis

Im Februar 1921 marschiert der Kosakenoffizier Reza Khan auf Teheran. Die Truppe zieht kampflos in Teheran ein, der britische Gesandte Hermann Norman hat den Schah dazu bewegt, den Putsch hinzunehmen. Die Putschisten verhängen das Kriegsrecht und verhaften verschiedene Würdenträger. Der Putsch wird von Iranern geplant und durchgeführt, doch ohne die Hilfestellung der Briten wäre er kaum möglich. Entgegen der bis heute kursierenden Ansicht vieler Iraner gab es aber keinen Plan Londons, Reza Khan an die Macht zu bringen. Dennoch ist Reza Khan über all die Jahre hinweg mit dem Image behaftet, ein Agent der Briten zu sein. Sayed Zia wird Ministerpräsident und Reza Khan Führer der Kosakenbrigade. Reza Khan, der damals noch ein unbeschriebenes Blatt war, besetzt nun die potentiell mächtigste Position im Staat. Aus dieser Position heraus schafft er in den nächsten Jahren (bis 1925) den Aufstieg zum Schah. In dieser Zeit gibt es zwar neben ihm noch andere Machtfaktoren – den Schah, die Ulama, das Parlament und die Stämme. Doch Reza Khan profitiert davon, dass diese Gruppen sich nicht gegen ihn zusammenschließen.

Die Regierung von Sayyed Zia lässt einen vor dem Putsch mit der Sowjetunion ausgehandelten Freundschaftsvertrag ratifizieren. Die Sowjetunion gibt Iran fast alle unter den Zaren erworbenen – oder in iranischen Augen – erpressten Konzessionen zurück. Allerdings sieht der Vertrag ein Interventionsrecht für Moskau vor, falls eine dritte Macht in Iran einmarschieren würde. Im Mai kommt es zum Streit zwischen Reza Khan und Sayyed Zia. Reza Khan entzieht Sayyed Zia daraufhin seine Unterstützung. Zia muss ins Exil gehen. In der neuen Regierung von Ministerpräsident Qawam as-Saltaneh wird Reza Khan Kriegsminister. Diesen Posten behält er trotz diverser Regierungswechsel in den nächsten Jahren. Reza Khan ist so in der Position, eine neue Armee aufzubauen. Doch seine finanziellen Forderungen werden für die Regierungen zu einem großen Problem.

Die folgenden Jahre sind eine unruhige Zeit. In vielen Gebieten des Landes kommt es zu Revolten oder Loslösungsversuchen. Reza Khan gewinnt landesweit großes Prestige, als es ihm gelingt, eine Revolte in Gilan schnell und erfolgreich zu beenden.

Dies gelingt zum Teil mit militärischen Mitteln, aber vor allem durch geschickte politische Manöver, mit denen die zerstrittenen Rebellen noch weiter gespalten und geschwächt werden. Nationalistische Kreise nehmen den Sieg euphorisch auf. Zwischen 1922 und 1923 unterwirft Reza Khan alle Stammesgebiete wieder der Zentralgewalt. Es gilt als eines der größten Verdienste von Reza Schah, im ganzen Land wieder geordnete Verhältnisse und Sicherheit hergestellt zu haben. Im Oktober des Jahres 1923 wählt das Parlament Reza Khan zum Ministerpräsidenten. Bald danach beginnt eine von der Armee und anderen Unterstützern Reza Khans betriebene Kampagne, die die Einführung einer Republik zum Ziel hat. Im März 1924 scheitert das Projekt am Widerstand der Parlamentsabgeordneten und der Ulama. Die Ulama assoziieren die Staatsform Republik mit dem Laizismus, wie er gerade in der Türkei von Mustafa Kemal Atatürk festgeschrieben wird. In einer Republik ist das Volk der Souverän, aber das ist für die Ulama nicht akzeptabel. Für sie ist Gott der Souverän, in dessen Stellvertreterschaft ein König regieren kann. Ironischerweise werden die Ulama somit zur Geburtshelferin der Pahlavi-Dynastie. Sie zeigen Reza Khan allerdings auch, dass seine Macht klare Grenzen hat. Dennoch sind seine politischen Gegner nicht stark genug, ihn ausschalten zu können. Es herrscht eine Pattsituation.

Als im August 1924 der amerikanische Konsul Robert W. Imbrie ermordet wird, nimmt Reza Khan dies zum Anlass, das Kriegsrecht zu verhängen und zahlreiche seiner Gegner verhaften zu lassen. Ende des Jahres versucht Reza Khan nach der erfolgreichen Unterwerfung Luristans, auch Chusistan unter die Kontrolle der Regierung zu bringen. Durch geschickte Manöver gelingt es ihm, die Zustimmung des britischen Gesandten in Teheran zur Besetzung Chusistans durch die Armee zu gewinnen.

Die Wahl zum Schah

1925 beschließt das Parlament das Ende der Kadscharen-Herrschaft und machte Reza Khan zum Schah. Nur vier Abgeordnete wagen es, sich dagegen auszusprechen. Einer von ihnen ist Mohammad Mossadegh, der in den 50er Jahren eine sehr wichtige Rolle spielen wird. Er warnt vor einer Diktatur und wird dafür von Reza Khan politisch kaltgestellt. Doch Mossadegh soll Recht behalten: Nach 1925 spielt das Parlament keine Rolle mehr, auch die Verfassung wird ignoriert. Reza Schah wählt Pahlavi als Namen für die neue Dynastie, herrscht bis 1941 als uneingeschränkter Diktator und häuft in dieser Zeit unermessliche Reichtümer an – vor allem Grundbesitz.

Modernisierungspläne für die Bereiche Verwaltung, Wirtschaft und andere hatte man schon im 19. Jahrhundert entwickelt. Es fehlte nur stets an einem Herrscher, der die Reformer energisch unterstützt. In Reza Schah haben die Reformkräfte nun einen starken durchsetzungsfähigen Herrscher, und Reza Schah wiederum kann auf eine Reihe von tatkräftigen Reformern bauen. Zwischen 1926 und 1930 werden viele Grundlagen für radikale Reformen gelegt. Reza Schah baut eine moderne Verwaltung auf, insbesondere in der Justiz und im Schulwesen. Durch diesen Ausbau der Staatsverwaltung entsteht eine neue, säkular orientierte Mittelschicht. Für sie ist Religion gleichbedeutend mit Rückschritt. Reza Schahs Reformen führen unvermeidbar zum Konflikt mit den Ulama, weil sie darauf abzielen, ihnen ihre Vormachtstellung im Bildungs- und Justizwesen zu nehmen. Immer wieder flackert punktuell Widerstand seitens der Ulama auf, gegen den Reza Schah dann rigoros vorgeht. 1935 antwortet er auf Proteste in Maschhad mit einem Massaker.

Nachdem im Jahre 1929 die Stämme der Bachtiaren und der Kaschghai noch einmal – allerdings vergeblich – aufbegehren, fühlt sich Reza Schah Anfang der 30er Jahre stark genug, sie als politischen Faktor auszuschalten – er zwingt sie, sesshaft zu werden. In seinem Bestreben, Iran gegenüber dem Ausland „modern" erscheinen zu lassen, sind die „primitiven" Nomaden Reza Schah ein Ärgernis. Weil sie die Weidegründe nicht mehr wechseln können, sterben die Tiere in Massen und die Nomaden verelenden, denn sie besitzen weder die Fertigkeiten, nun ein Leben als Bauern führen zu können, noch das dafür nötige Land.

Ein weiterer brutaler Eingriff Reza Schahs in das Leben der Bevölkerung ist die Zwangentschleierung im Jahre 1936. In der Türkei verbietet Mustafa Kemal Atatürk den Schleier in Regierungsgebäuden und Schulen. Was die Frauen auf der

Straße tragen, bleibt aber ihnen überlassen. Reza Schah jedoch geht weiter: Schlagartig müssen alle Frauen den Schleier ablegen. Auf der Straße wird er ihnen vom Kopf gerissen. Jahre vorher schon sind Bekleidungsvorschriften für Männer eingeführt worden – so beispielsweise der „Pahlavi"-Hut. Neben zahlreichen Frauen, die das Ende der Verschleierung begrüßen, gibt es auch viele, für die es ein großer Schock ist.

Die Ölkonzession

Im November 1932 kündigt Iran nach mehrjährigen vergeblichen Verhandlungen mit der Anglo Persian Oil Company die Ölkonzession. Nach anfänglichem Säbelrasseln ruft London den Internationalen Gerichtshof in Den Haag an. Der Völkerbund vermittelt schließlich zwischen London und Teheran. Reza Schah übernimmt selber die Verhandlungen, erzielt aber nur ein dürftiges Ergebnis. Das Laufzeitende der Konzession wird von 1961 auf 1993 verschoben. In den Augen der Bevölkerung erweckt dieses Debakel wiederum den Eindruck, dass Reza Schah ein Agent der Briten ist. Nicht nur Großbritannien tritt Iran drohend gegenüber. Auch die Sowjetunion, jetzt unter der Herrschaft Stalins, kehrt wieder zu einer aggressiven Iranpolitik zurück.

1941 besetzen Großbritannien und die Sowjetunion Iran. Als Begründung wird meist genannt, dass Reza Schah mit Adolf Hitler kooperierte. Diese Version ist jedoch das Ergebnis einer bewussten Geschichtsumdeutung. Der Historiker Yair Hirschfeld hat überzeugend herausgearbeitet, dass Reza Schah grundsätzlich mit Großbritannien sympathisierte. Um sich zwischen der Sowjetunion und Großbritannien behaupten zu können, sucht Reza Schah jedoch einen Dritten, um die beiden gegeneinander ausspielen zu können. Die Iraner haben den sowjetischen Kriegseroberungen mit großer Sorge zugesehen und befürchten, das nächste Opfer zu werden. Hitler hat im November 1940 den Sowjets die Hegemonie über Iran angeboten, ein Angebot, von dem der Schah weiß. Versuche, von den Briten Schutzzusagen zu bekommen, scheitern am britischen

Desinteresse. Iran steht also der Sowjetunion allein gegenüber. Reza Schah versucht daher, die Deutschen gegen die Sowjets auszuspielen, um eine Invasion zu verhindern.

Als das Deutsche Reich die Sowjetunion angreift, verbünden sich England und die Sowjetunion. Da die Deutschen die Seeroute in die Sowjetunion durch die Nordsee und das Mittelmeer (Bosporus) blockieren, kommt der Route durch Iran eine kriegswichtige Bedeutung zu. Deswegen wollte man das Land besetzen. Zur Rechtfertigung ihrer geplanten Invasion behaupten die Briten und die Sowjets, in Iran würde es von deutschen Agenten nur so wimmeln. Faktisch gab es circa zehn. Im August marschieren sowjetische und britische Truppen in Iran ein. Reza Schahs Armee bricht zusammen, er selber dankt ab und geht ins Exil, wo er 1944 stirbt.

Iran hat sich in den zwanzig Jahren, in denen Reza Schah die Politik bestimmt hat, dramatisch verändert. Das Land ist zusammengewachsen, durch militärischen Druck und Gewalt, aber auch durch neue Verkehrsverbindungen und durch gesellschaftliche Veränderungen. Der Alltag ist sicherer geworden und durch die Modernisierung der Wirtschaft sind neue soziale Klassen entstanden.

2.4 Die Herrschaft Mohammad Reza Schahs

Mit dem Sturz Reza Schahs und dem Zerfall der Armee entsteht ein politisches Vakuum, das die Abgeordneten nutzen, um sich als politischer Faktor Gehör zu verschaffen. Zwar geben die Alliierten grünes Licht für die Ernennung des 21 Jahre alten Kronprinzen Mohammad Reza zum neuen Schah, aber es gibt nun wieder mehrere politische Machtzentren: den Hof, die Alliierten und verschiedene politische Gruppen.

Das System ist von Instabilität geprägt, die Regierungen wechseln häufig. Allerdings stellt man auf den zweiten Blick fest, dass es sich bei den Ministern und Regierungschefs oft um dieselben Leute handelt, die alle Teil einer kleinen Elite sind. Es gibt keine Parteien in unserem Sinne, nur um Personen gruppierte politische Klubs, deren Mitglieder häufig ihre Zugehörigkeit wechseln. Kooperation ist in diesem System oftmals nur zur Abwehr von „Bedrohungen" möglich, wirklich konstruktive Kooperation gelingt nur selten. Der Schah versucht jahrelang, dieselbe Machtfülle wie sein Vater zu erlangen. Dazu sabotiert er jeden starken Ministerpräsidenten. Doch Mohammad Reza Pahlavi braucht Jahre, um politisches Gewicht zu erlangen. Im Ausland jedoch erscheint er angesichts der ständig wechselnden Regierungen als der einzige stabile Pol im politischen System. Außerdem ist er Oberbefehlshaber der Armee.

Mit der militärischen Besatzung durch die Briten und die Russen ist für die iranische Bevölkerung der schlimmste Albtraum wahr geworden. Versuche, die USA zur Verurteilung der völkerrechtswidrigen Besatzung zu bewegen, scheitern. Für die iranische Regierung hat oberste Priorität, die Sowjetunion und Großbritannien zu einem Abzug nach Kriegsende zu verpflichten. Dazu bemüht man sich, die USA als dritten Spieler, als dritte Macht ins Boot zu holen. Die USA haben keine koloniale Vergangenheit in Iran. Bis auf den Schutz ihrer Missionare und Versuche der US-Ölindustrie, in Iran Fuß zu fassen, die allerdings vergeblich bleiben, verfolgen sie keine eigenen Interessen. Sie sind damit der ideale Partner für die Iraner.

In dieser Zeit blüht die Presse auf, auch Gewerkschaften werden gegründet. Der Zwang für Frauen, den Schleier abzulegen, entfällt. Die Stämme nutzen den Sturz Reza Schahs um zu ihrer alten Lebensweise zurückzukehren und sich zu bewaffnen. Die politischen Gefangenen kommen frei. Einige gründen die Tudeh-Partei, zu deutsch „Massenpartei".

Die iranische Regierung bittet die USA um Hilfe bei der Modernisierung des Landes. Man braucht Fachleute. So entstehen fünf amerikanische Missionen: unter ihnen eine für die Armee, eine für die Polizei, eine für Finanzen. Außerdem übernehmen amerikanische Soldaten den Betrieb des südlichen Teils der Eisenbahnlinie (Transitstrecke zur Sowjetunion). Dadurch kommen Zehntausende amerikanische Soldaten ins Land. Zwischen den „alteingesessenen Ausländern", den Briten, und den neu hinzukommenden kommt es immer häufiger zu Interessenskonflikten. Ab 1944 erheben Sowjets Ansprüche auf Ölvorkommen in Nordiran. Die Regierung lehnt dies sofort ab. Am 12. 12. 1944 nimmt das Parlament ein von dem Abgeordneten Mohammad Mossadegh eingebrachtes Gesetz an, das die Erteilung von Öl-Konzessionen in Kriegszeiten untersagt.

Im Mai 1945 endet in Europa der Krieg, im August in Japan. Nun entfällt auch der offizielle Grund für eine Besatzung Irans. Während die Briten bis Dezember 1945 abziehen, machen die Sowjets keinerlei Anstalten, das Land zu verlassen. Sie räumen zwar den Nordosten, dafür werden im Nordwesten, in Aserbaidschan, und in Kurdistan mit ihrer Unterstützung separatistische Bewegungen aktiv, die schließlich eigene Republiken, die Autonome Republik Aserbaidschan (ARA) und die Kurdische Republik Mahabad ausrufen. Die Republikgründungen werden von den USA argwöhnisch beobachtet. Washington unterstellt der Sowjetunion, sie wollte Iran in ihren Einflussbereich eingliedern. Die Allianz zwischen den beiden Staaten, die nur aus pragmatischen Gründen zustande gekommen war, geht ihrem Ende zu. Wenig später beginnt der Kalte Krieg, und Iran ist einer seiner ersten Schauplätze.

Die Regierung in Teheran steht vor einem Dilemma. Die USA sind nicht bereit, ihr die nötige Rückendeckung gegen die Sowjets zu geben. Teheran versucht daher mit einem Trick, die Sowjets loszuwerden: Im Februar 1946 reist der seit kurzem amtierende Ministerpräsident Qawam nach Moskau. Die Verhandlungen legen die Grundlagen für eine anschließende Einigung auf ein Ölabkommen mit dem Sowjetbotschafter in Teheran. Da es zu dieser Zeit kein Parlament gibt, kann das Abkommen nicht sofort ratifiziert werden, und Qawam, für den das Abkommen ohnedies nur ein taktischer Zug war, um den Abzug der Sowjets zu erreichen, verzögert geschickt die Wahl des neuen Parlaments. Außerdem ruft Iran den Sicherheitsrat der neu gegründeten UNO an. Mit Erfolg: Die Sowjets ziehen bis Mai 1946 ab. Nun muss Teheran noch die Kontrolle über die abtrünnigen Gebiete im Nordwesten zurückgewinnen, ohne eine sowjetische Intervention zu provozieren. Im Sommer werden daher Verhandlungen mit den Rebellen aufgenommen.

Im August nimmt Qawam fünf Minister der Tudeh-Partei in seine Regierung auf, womit die Tudeh auf dem Höhepunkt ihres Einflusses ist. Daraufhin bricht im Süden eine Revolte der Stämme aus, die gegen die Tudeh-Partei gerichtet ist. Die Minister müssen gehen. Qawam kommt die Revolte recht. Nun kann er den Sowjets gegenüber behaupten, dass er keine andere Wahl hatte, als die Tudeh-Minister aus der Regierung zu entfernen. Im November entschließt sich Qawam das Risiko einzugehen, der Existenz der Autonomen Republik Aserbaidschan militärisch ein Ende zu setzen. Er erringt einen schnellen Sieg. Auch die Kurden-Republik Mahabad fällt. Die Sowjetunion greift nicht ein. Es zeigt sich, dass der Separatismus von der Bevölkerung Aserbaidschans nur begrenzt unterstützt wird und die Bindung an Iran überwiegt. Dem jungen Schah fällt als Oberbefehlshaber der Ruhm für diesen militärischen Erfolg zu. Qawam wird vergessen.

Im Juli 1949 unterzeichnet die Regierung ein Zusatzabkommen mit der Anglo Iranian Oil Company (AIOC). Das Parlament hatte 1947 die Regierung mit Neuverhandlungen beauftragt. Das daraufhin ausgehandelte Abkommen erhöht zwar den iranischen Ertragsanteil, aber nicht auf die geforderten fünfzig Prozent. Auch die anderen iranischen Forderungen werden nicht berücksichtigt. Die AIOC stellt sich so lange stur, bis die iranische Seite schließlich komplett einlenkt. In der iranischen Öffentlichkeit wird der Inhalt des Abkommens mit großer Empörung aufgenommen. Trotz ihrer viel beschworenen Vertrautheit mit den Begebenheiten in Iran haben die Briten das Erstarken des iranischen Nationalbewusstseins ignoriert. Einige Abgeordnete verhindern durch endlose Reden im Parlament, dass das Parlament, das ohnehin kurz vor dem Ende der Legislaturperiode steht, das Gesetz ratifiziert. Im nächsten Parlament ist die öffentliche Stimmung so aufgeheizt, das kein Ministerpräsident es wagt, dem Parlament das Ratifizierungsgesetz vorzulegen. Die Briten setzen wieder auf die Strategie, einen gefügigen Ministerpräsident zu installieren.

Im Vorfeld eines Besuches des Schahs in den USA und der bevorstehenden Parlamentswahl flüchtet sich eine Gruppe Politiker, unter ihnen Mohammad Mossadegh, in den Schahpalast, um gegen die zu erwartende Fälschung der Wahlergebnisse zu protestieren. Aus dieser Gruppe Protestierender entsteht später die „Nationale Front", ein Zusammenschluss von Parteien und Einzelpersonen, dessen Führung Mossadegh übernimmt. Ihre Ziele sind zunächst freie Wahlen und später die Verstaatlichung der Ölindustrie. Mossadegh profitiert von seinem unter Reza Schah erworbenen Image als furchtloser Politiker. Außerdem hat er den Ruf, unbestechlich und uneigennützig zu sein. Zweitwichtigster Mann der Bewegung ist Ajatollah Abdulqasem Kaschani, der als hochrangiger Religionsgelehrter mit seiner Beteiligung die Bewegung vor dem gefährlichen Vorwurf der Gottlosigkeit bewahren und die religiösen Massen mobilisieren kann. Einigendes Band innerhalb der Nationalen Front ist im Grunde nur ihre Ablehnung der Schah-Diktatur und ihre Haltung in der Ölfrage.

1950 gelingt es dem Schah, General Ali Razmara als Ministerpräsidenten durchzusetzen. Die Briten erwarten, dass es ihm, da er als „starker Mann" gilt, gelingen würde, das Parlament zur Ratifizierung des Ölabkommens zu bewegen. Doch selbst er wagt es nicht, dem Parlament das Abkommen vorzulegen und bemüht sich andererseits vergeblich um Zugeständnisse seitens der AIOC. Zur Lösung der Ölfrage setzt Razmara ein Parlamentskomitee ein und versucht, die Nationale Front für sich zu gewinnen: Sie bekommt mehr Sitze in dem Komitee als ihrer Abgeordnetenzahl entsprechen.

Als die AIOC sich weiterhin jedem Kompromiss verweigert, entscheidet das Komitee, die iranische Ölindustrie zu verstaatlichen. Im März 1951 wird General Razmara von einer islamistischen Terrorgruppe ermordet, die Verbindungen zu Ajatollah Kaschani hat. Dieser Mord schüchtert die Gegner der Ölverstaatlichung erheblich ein.

2.5 Der Gegenspieler: Mohammad Mossadegh

Nach dem Tod Razmaras und einer kurzen Phase, in der eine Übergangsregierung existiert, wird im Mai überraschend Mossadegh zum Premierminister gewählt. Bestimmt wird seine Regierungszeit vor allem von dem Konflikt mit der Anglo Iranian Oil Company. Mossadegh und die Nationale Front verfügen über keine eigene Mehrheit im Parlament, sie profitieren aber davon, dass Abgeordnete, die eigentlich zu ihren politischen Gegnern zählen, von der öffentlichen Stimmung eingeschüchtert sind. Die iranische Bevölkerung steht hinter der Verstaatlichung. Auch der Schah lässt sich davon einschüchtern. Der Korrespondent Walter Krause beschreibt die Stimmung in der Bevölkerung damals mit folgenden Worten: „Liebe Hörer, vor einer halben Stunde, als ich zum Studio von Radio Teheran fuhr, kam ich an einer großen Menschenmenge vorbei, die rund um ein mächtiges Bürogebäude die Straßen verstopfte und allen Verkehr lahm legte. Es war das Gebäude der britischen Ölgesellschaft, der Anglo-Iranian. Und auf seinem Dach waren etwa ein Dutzend Männer damit beschäftigt, mit kräftigen Hammerschlägen das riesige Firmenschild der Gesellschaft zu demontieren, um an seiner Stelle die neue Firmenbezeichnung der nationalisierten Gesellschaft, nationale Petroleumgesellschaft Irans, zu setzen. Jedes Mal, wenn eine der blechernen Lettern mit großem Getöse zu Boden fiel, ging eine Welle der Begeisterung durch die Menge, ein Jubelschrei, ein Händeklatschen. Man feierte in diesem symbolischen Akt gewissermaßen das Wahrzeichen für den Beginn einer neuen Ära persischer Geschichte."

London reagiert empört. Obwohl die Briten gegenüber iranischen Forderungen immer betont hatten, dass London nicht zuständig sei, da die AIOC ein Privatunternehmen ist, versuchen sie nun, den Konflikt auf Regierungsebene zu heben. Zudem treffen sie Vorkehrungen für eine militärische Besetzung des Gebietes, in dem die Ölfelder liegen. Hier jedoch greifen die USA ein und verhindern eine militärische Aktion. In den Vereinigten Staaten gibt es durchaus Sympathie für die iranische Position im Ölstreit – das US-Magazine Time wählt Mossadegh, der die Verstaatlichung entscheidend vorangetrieben hat, sogar zum Mann des Jahres 1952. Das aber ist nicht allein ausschlaggebend für die Haltung der USA: Eine britische Militäraktion hätte die Sowjets dazu einladen können, sich auf den Vertrag von 1921 zu berufen und selbst einzumarschieren. Angesichts des Korea-Krieges ist eine Militärintervention zudem für das Image der „freien Welt" schädlich.

Das Veto der USA ist für die Briten eine tiefe Demütigung – und genau hier dürfte auch der Kern der Krise liegen. Die Verstaatlichung trifft Großbritannien zunächst wirtschaftlich, wobei die Regierung es im Laufe der bis 1954 dauernden Krise durchaus schafft, die wirtschaftlichen Folgen zu kompensieren. Für Großbritannien nicht zu aufzuwiegen ist jedoch der Statusverlust: Vor dem Zweiten Weltkrieg war Großbritannien noch eines der mächtigsten Länder der Welt, nach dem Krieg ist es jedoch nur noch ein Schatten seiner selbst und finanziell auf amerikanische Hilfe angewiesen. Die Briten verdanken den Amerikanern, dass sie sich weiterhin als Großmacht gebärden dürfen: Washington überlässt London im „Kalten Krieg" die Verteidigung Irans gegen die Sowjetunion. Der Juniorpartner der ehemaligen Kolonie Amerika zu sein, ist schon unangenehm genug für das britische Selbstwertgefühl, dass aber nun ein „Kolonialvolk" wie die Iraner es wagen, eine gleichberechtigte Position zu beanspruchen, können die Briten nicht zulassen. In London befürchtet man, ein Erfolg Irans werde eine große – und vor allem fatale – Signalwirkung für andere Länder haben. Man will daher an Iran ein

Exempel statuieren und sich gleichzeitig für die erlittene Demütigung rächen.

London beginnt einen Propagandakrieg gegen Iran: Mossadegh sei ein verrückter Fanatiker, man selber der Wohltäter Irans. Seine etwas skurrilen Angewohnheiten, die seine westlichen Gesprächspartner allerdings tatsächlich enorm irritieren, werden in den regierungsnahen Medien in den Vordergrund gerückt. Für die Iraner wird er auch deshalb zum Mythos: wegen seines Auftretens, seines ungemein selbstsicheren, fast schon herablassenden Auftretens gegenüber den Mächtigen der westlichen Welt.

Den USA kommt in dem Konflikt die entscheidende Rolle zu. Im Kalten Krieg hat Washington bis dahin England die Verteidigung Irans überlassen, weil Amerikas Ressourcen u.a. durch den Koreakrieg gebunden waren. Die USA deuten den Krieg in Korea als Versuch der Sowjetunion, ihren Machtbereich zu erweitern und man fürchtet, Iran werde das nächste Opfer. Die in den USA schon seit dem 19. Jahrhundert kursierende Angst vor dem Sozialismus erreicht in diesen Jahren das Ausmaß einer Hysterie – angefacht durch den republikanischen Senator Joseph McCarthy. Die Furcht vor der kommunistischen Gefahr führt in den USA selbst zu einer Hatz auf alles was links ist, und sie bestimmt natürlich auch die amerikanische Außenpolitik maßgeblich. In Iran ist zu dieser Zeit die kommunistische Tudeh-Partei aktiv. Sie lehnt die Mossadegh-Regierung im Grunde ab, kooperiert aber mit ihr im Konflikt mit den Briten. Mossadegh lässt ihr und anderen Oppositionsparteien relativ große Freiheiten. Dies kommt für Washington einem deutlichen Flirt mit dem Kommunismus gleich. Und als Mossadegh später sogar mit einer Annäherung an Moskau droht, löst dieser Bluff in Washington Alarmstimmung aus.

Angesichts des arroganten kolonialen Auftretens der Briten hegen Teile der Truman-Regierung Sympathie für Iran. Die angestrebte Verstaatlichung wird begrüßt, allerdings soll die AIOC entschädigt werden. Später verhindern die Briten dies dann selber durch ihren Boykott der iranischen Erdölexporte. Auch die Sympathie der USA aber hat Grenzen, mehr als die 50 Prozent Anteil am Ertrag, die sie selber den Saudis zugestanden hatten, dürfen die Briten den Iranern nicht gewähren. Langsam wird die Truman-Regierung von den Briten in den Konflikt hineingezogen. Großbritannien versucht, Iran durch Anrufung des Internationalen Gerichtshofes in Den Hag und des UNO-Sicherheitsrates in die Knie zu zwingen. Vor beiden Gremien jedoch unterliegt Großbritannien. Doch die Briten geben nicht auf – schließlich geht es nicht nur um Iran: Großbritannien beutet vier Fünftel aller Erdölvorkommen am Persischen Golf aus. Man fürchtet, die anderen Staaten würden es Iran gleichtun. Deshalb reagieren die Briten mit einem Boykott, zu dem sie auch ihre Verbündeten überreden. Durch eine Wirtschaftskrise soll Mossadegh in die Knie gezwungen werden. Doch Mossadegh gibt sich so einfach nicht geschlagen, er kämpft. Er gibt Volksanleihen aus und verkündet, die iranische Wirtschaft müsse von nun an völlig ohne den Verkauf von Öl auskommen. Und das Volk steht hinter ihm. So das Fazit von Walter Krause in seinem Bericht aus Teheran. „‚Wir wollen nicht mehr Geld, wir wollen unsere Unabhängigkeit.' Das ist es, was heute jeder Perser, gleich welcher politischen Richtung, jedem Fremden immer und immer wieder versichert. Niemand, der sich in Teheran umgesehen und umgehört hat, kann bezweifeln, dass in der Frage des Petroleums das gesamte Volk nahezu ohne Ausnahme hinter ihm steht. Ob die Nationalisierung für Persien gut oder schlecht ist, will ich nicht zu entscheiden wagen. Dass sie das ist, was die Perser wollen und dass sie sie so leidenschaftlich wollen, wie sie nur je etwas gewollt haben, darüber kann es keinen Zweifel geben."

Zwischen 1951 und 1953 beschäftigt kaum ein anderes weltpolitische Ereignis die Welt mehr als der britisch-iranische Konflikt. Ein Volksführer der Dritten Welt fordert eine Weltmacht heraus. Doch der Boykott trifft Iran empfindlich. Mehrere Verhandlungsmissionen bemühen sich vergeblich um eine Einigung. Im Juli 1952 spitzt sich der Konflikt zwischen dem Schah und Mossadegh über die Kontrolle der Armee zu. Als Regierungschef will Mossadegh, dass die Armee ihm und nicht dem Schah untersteht. Der jedoch weigert sich, seine Machtbefugnisse abzugeben. Am 16. Juli 1952 tritt Mossadegh demonstrativ zurück. Sein Kalkül geht auf. Das Volk geht auf die Straße, skandiert Tod oder Mossadegh. Gezwungenermaßen bittet der Schah Mossadegh, sein Amt wieder zu übernehmen. Doch der Sieg erweist sich als ein Pyrrhussieg, nun bröckelt die Nationale Front. Insbesondere mit Ajatollah Kaschani kommt es zum Konflikt. Auch Kaschani arbeitet nun auf den Sturz Mossadeghs hin. Im Oktober bricht Iran die diplomatischen Beziehungen zu England ab und damit gehen 150 Jahre britischer Dominanz zum Ende. Allerdings auch die Ära Mossadegh, denn im November wird Eisenhower zum Präsidenten der USA gewählt. Er gibt kurz nach seinem Regierungsantritt grünes Licht zum Sturz Mossadeghs. Die Planung übernehmen der britische MI-6 und die CIA. Man entscheidet sich für einen Putsch, an dessen Spitze General Fazlollah Zahedi, der schon mehrfach versucht hatte, Mossadegh zu stürzen, stehen soll. Am 19. Juli reist der CIA-Agent Kermit Roosevelt unter falschem Namen nach Iran. Dort gelingt es ihm, den zaudernden Schah zur Teilnahme am Putsch zu bewegen. Am 15. August versucht General Nematollah Nassiri, Mossadegh die vom Schah unterzeichnete Entlassungsurkunde zu überbringen. Der lässt ihn jedoch verhaften. Der Schah flieht daraufhin aus dem Land, und General Zahedi verbringt die nächsten Tage in einem Versteck der CIA. Obwohl ihm klar gewesen sein muss, dass ein Putsch bevorsteht, schreitet Mossadegh nicht zur Gegenwehr, er lässt den Dingen ihren Lauf: Am 17. August findet eine Demonstration gegen den Schah statt. Ursprünglich von CIA-Provokateuren begonnen, schließen sich ihr später echte Tudeh-Anhänger an. Mit der Demonstration soll der Eindruck erweckt werden, ein kommunistischer Umsturz stünde bevor. So will man die Bevölkerung mobilisieren. Einen Tag später kommt es zu weiteren Demonstrationen. Der amerikanische Botschafter fordert Mossadegh empört auf, die Polizei einzusetzen. Tags darauf organisiert Ajatollah Kaschani den Marsch eines bezahlten Mobs, dem sich Soldaten und Teile der Bevölkerung anschließen. Schließlich stürmen die Putschisten das Haus Mossadeghs. Er kommt für mehrere Jahre ins Gefängnis und steht dann bis zu seinem Tod 1967 unter Hausarrest.

Es war nicht schwer gewesen, den Mob gegen Mossadegh zu mobilisieren. „Demonstranten“ sind bis heute oft eher Klienten eines Politikers als besorgte Bürger. An Mossadeghs Sturz waren somit eindeutig auch Iraner beteiligt. Allerdings wäre der Putsch ohne amerikanische Leitung sicher nicht möglich gewesen. Mit ihrem Putsch bringen die Amerikaner den Schah, der vor Mossadegh nach Rom geflüchtet war, wieder zurück an die Macht. Er kehrt erst zurück, nachdem alles vorbei ist. Der inszenierte Aufstand wird nun uminterpretiert in einen spontanen Ausdruck von Volkes Wille, das sich hinter den Herrscher stellt. Erst jetzt beginnt die Alleinherrschaft des Schahs. Seine Herrschaft festigt er mit aller Gewalt. Nie jedoch wird es ihm gelingen, das Image loszuwerden, er sei von den Amerikanern an die Macht gebracht worden.

General Zahedi wird Ministerpräsident und regiert mit Kriegsrecht. Die USA unterstützen ihn sofort mit massiver Finanzhilfe. Nach Mossadeghs Sturz gibt es nie wieder freie Wahlen. 1954 zerschlägt die Regierung die Tudeh-Partei, die ohnedies nur noch im Untergrund aktiv ist. Sie stellt fortan keinen innenpolitischen Machtfaktor mehr dar. Vordringliche Aufgabe der Regierung Zahedi ist die Beilegung des Konfliktes mit der AIOC. Die Briten erwarteten, dass die Iraner nun endlich alle ihre Forderungen erfüllen. Das allerdings ist insofern unrealistisch, als es den politischen Selbstmord von General Zahedi bedeutet hätte. Dass Mossadegh gestürzt worden war, heißt nicht, dass die iranische Öffentlichkeit es hinnehmen würde, wenn irgendeine Regierung in der Ölfrage nachgeben würde. Deshalb machen die USA nun ihren Einfluss auf die Briten geltend. Gemeinsam bildet man ein internationales Konsortium, an dem die Anglo Iranian Oil Company vierzig Prozent der Anteile hält.

Mossadegh wird wegen „versuchter Rebellion" der Prozess gemacht. Damit verändert sich sein Bild in der Öffentlichkeit. Die Leute vergessen die mit dem Embargo verbundenen Entbehrungen, sie verehren ihn nun als Märtyrer. Bis heute ist Mossadegh für Iraner ein Mythos, und zwar auch, weil die Parteinahme für das wehrlose Opfer in der schiitischen Tradition ein zentrales Motiv ist.

Von den Bevölkerungen der westlichen Staaten wurde allerdings kaum wahrgenommen, dass Mossadegh für die iranische Bevölkerung ein Held war und fast alle seine Politik der Nationalisierung mittrugen. Im Westen galt er in seiner Amtszeit als Inkarnation des Bösen, als der Alte, der den jungen sympathischen Schah vom Pfauenthron vertreiben wollte. In der Regierungszeit Mossadeghs bangte die deutsche Öffentlichkeit mit dem Schah und mit seiner schönen Frau Soraya, der Halbdeutschen aus Bonn. Schließlich hatte man in ihr seit 1951 wieder so etwas wie eine eigene Prinzessin. Und deren Glück bedrohte Mossadegh – so die einhellige Meinung der deutschen Presse. Es sollte lange dauern, bis sie revidiert wurde.

2.6 Auf dem Weg zur „Weißen Revolution"

1955 wird – um von den Problemen des Landes abzulenken – ein Pogrom gegen die Bahais initiiert. Geheimdienstchef General Teimur Bachtiar spielt dabei eine wichtige Rolle, ebenso wie auf seiten der Ulama die Gruppe der Hojjatiyye. Sie kämpft gegen Kommunisten und Bahais. Die Ulama hegen seit Entstehung der Bahai-Religion im 19. Jahrhundert eine tiefe Feindschaft gegen sie. Nach der Revolution von 1979 sind die Bahais daher besonders harter Verfolgung ausgesetzt.

1957 bildet der Schah aus General Bachtiars Geheimdienstgruppe mit amerikanischer Hilfe einen neuen Geheimdienst, den SAVAK, der in den folgenden Jahren zum Inbegriff von Terror und Repression wird. Später lösen Israelis die amerikanischen Ausbilder ab. In der Schahzeit ist Iran eines der wenigen muslimischen Länder, das eng mit Israel kooperiert. Nach dem Putsch gegen Mossadegh wird der Schah immer selbstsicherer. Er bringt die USA dazu, ein Verteidigungsabkommen mit ihm abzuschließen, indem er den Eindruck erweckt, sich der Sowjetunion annähern zu wollen. Präsident Dwight D. Eisenhower fordert den Schah wiederholt auf, Reformen durchzuführen. Primat aber hat für ihn die Stabilität Irans und Irans Rolle und Beteiligung im Kampf gegen den Kommunismus – was bedeutet, dass er den Schah nur wenig unter Druck setzen kann.

Reformen scheitern aber nicht nur am Schah, sondern vor allem an konservativen Großgrundbesitzern, die das Parlament kontrollieren. Das Regime versucht, mit der Einführung eines Zwei-Parteien-Systems die Kontrolle der Feudalherren über das Parlament zu mindern. Es werden eine offizielle Regierungspartei und eine offizielle Oppositionspartei gegründet. Sie geben dem Regime nach außen hin einen demokratischen Anstrich.

1959 bringt die Regierung im Parlament ein Gesetz zur Landreform ein. Nach Protesten von Ajatollah Mohammad Hossein Borudscherdi, der in den fünfziger und sechziger Jahren die unumstrittene religiöse Autorität der iranischen Schiiten ist, wird es aber so verwässert, dass es nur wenig an den bestehenden Missständen ändern kann. Die nach 1953 zerschlagene Nationale Front formiert sich neu, ist aber erheblich schwächer als in den Jahren zwischen 1949 und 1953. Es fehlt der charismatische Führer.

1961 wird John F. Kennedy Präsident der USA. Für die Iraner sieht es so aus, als ob die politischen Reformen, die es in den folgenden Jahren gibt, vor allem ihm zu verdanken sind. Im selben Jahr gründen der Thermoingenieur Mehdi Bazargan und Ajatollah Sayed Mahmud Taleqani die Nehzat-e Azadi (Freiheitsbewegung). Die Partei tritt für eine Synthese von Islam und Moderne ein. Ihre Basis haben sie in der Basarschicht und der traditionellen religiösen Mittelschicht. Angesichts der ablehnenden Haltung des Parlaments zu den Reformen, insbesondere der Landreform, lässt Ministerpräsident Ali Amini, der im Mai 1961 sein Amt angetreten hat, das Parlament auflösen. Dies ist ein klarer Verfassungsbruch. Andererseits ist das Parlament ohnedies fast irrelevant. Ein neues Parlament wird erst zwei Jahre später gewählt. Bis dahin wird mit Dekreten regiert.

Die Regierung Amini leitet eine Reihe von Reformen ein, die der Schah als seine „Weiße Revolution" bezeichnet. Die wichtigste ist die Landreform. Die Opposition steckt in dem Dilemma, dass sie eigentlich den Großteil der Reformen begrüßt, nicht aber die autoritäre Vorgehensweise der Regierung. Die Landreform geht in mehreren Phasen vor sich und wird dabei immer mehr verwässert. Trotz großspuriger Erklärungen des Schahs wird das Ziel, dass jeder Bauer das von ihm bestellte Land bekommt, nicht annähernd umgesetzt. Während in Russland und China der Unmut der Bauern zum Erfolg der kommunistischen Revolution beigetragen hatte, gab es in Iran keinen Druck seitens der Bauern, eine Landreform durchzuführen. Die Landreform führt zu keiner Steigerung der Produktion. Iran wird vielmehr zum Nahrungsmittelimporteur, denn um sein ehrgeiziges Projekt der Industrialisierung voranzutreiben, die im großen Stil erst nach dem 2. Weltkrieg begonnen hatte, motiviert der Schah die Bauern, in die Städte zu gehen. Daher wird die Landwirtschaft vernachlässigt. Aber auch bei der Industrialisierung zeigen sich Probleme: In Basari-Kreisen ist die Neigung, in die Produktion zu investieren nicht allzu ausgeprägt. Daher wird die Industrialisierung maßgeblich vom Staat vorangetrieben.

Dem Schah gelingt es schließlich, 1962 Ministerpräsident Amini, den er immer als Rivalen gesehen hatte, auszuschalten. Anlass ist ein Streit über Rüstungsausgaben, die Amini reduzieren wollte. Ministerpräsident Amini wird zum Rücktritt gezwungen. Neuer Ministerpräsident wird ein enger Vertrauter des Schah, Alam. Im Herbst 1962 wird im Rahmen eines Gesetzes, das die Wahlen von Kommunalräten regelt, auch Frauen das Wahlrecht gewährt. Allerdings duldet das Schah-Regime keine freien Wahlen und verfügt zu dieser Zeit nicht einmal über ein Parlament. Die Ulama protestieren heftig gegen dieses in ihren Augen unislamische Gesetz, sodass es zurückgenommen werden muss. Besonders lautstark protestiert Ajatollah Chomeini, der sich zu einem der größten Schahkritiker im religiösen Lager entwickelt. Bis dahin war Chomeini politisch nicht in Erscheinung getreten.

Im Januar 1963 lässt der Schah ein Referendum über die Weiße Revolution abhalten. 99,9 Prozent stimmen für die Weiße Revolution. Dass der Schah von einer „Revolution" spricht, zeigt, wie sehr diese Idee die sechziger Jahre dominierte. Indem er sie als „Weiße Revolution" tituliert – weiß als der Farbe der Monarchie – versucht der Schah den Eindruck zu erwecken, dass er als Revolutionsführer an der Spitze der Volkes stehe. Dagegen stünden die schwarzen Ulama und roten Marxisten. In diesem Jahr erlebt das Regime die größte Herausforderung seit der Verstaatlichungskrise: Die Kritik Ajatollah Chomeinis an der Regierung führt in Ghom zu Unruhen. Seine Aufrufe führen auch dazu, dass es in Teheran und in einigen anderen Städten im Juni zu Aufständen kommt. Nach offiziellen Angaben sterben mehrere Hundert Menschen, im Gedächtnis der Bevölkerung prägt sich hingegen ein, dass Tausende regelrecht abgeschlachtet wurden. An dem Aufstand beteiligen sich Teile der traditionellen religiösen Mittelschicht, der Basaris und der Ulama. Der Großteil der Ulama bleibt passiv und auch die säkulare Opposition sieht nur zu. Ajatollah Chomeini wird verhaftet. Ajatollah Schariat Madari und andere Großajatallahs setzen sich für Chomeini ein. Als sie ihn als Großajatollah anerkennen, muss der Schah ihn wieder auf freien Fuß setzen, denn Großajatollahs genießen eine Art Immunität. Nach dieser Krise beginnt das Schah-Regime, die politische Opposition mundtot zu machen, die wenigen öffentlichen Proteste werden vom SAVAK unterdrückt.

Im Herbst 1964 greift Ajatollah Chomeini erneut die Regierung an. Anlass ist ein Gesetz, das Amerikanern in Iran Immunität vor der iranischen Strafverfolgung gewährt. Das Gesetz war bereits in dem im Herbst 1963 gewählten, gefügigen Parlament auf Widerstand gestoßen. Ajatollah Chomeini wird daraufhin verhaftet und in die Türkei abgeschoben. Im März 1964 wird Ministerpräsident Alam durch Ali Mansur ersetzt, der ein Jahr später von der islamistischen Terrorgruppe Fedajin Islam ermordet wird. Zum Umfeld der Täter gehören verschiedene Männer, die später in der Führung der Islamischen Republik eine wichtige Rolle spielen. Der Schah ernennt Abbas Hoveyda zum Ministerpräsidenten, der das Amt zwölf Jahre, bis 1977, innehat.

Das Regime profitiert ganz erheblich davon, dass die Öleinkünfte stetig steigen. Inzwischen sind sie für die Staatskasse wichtiger als die Steuereinnahmen. Es kommt bis Mitte der siebziger Jahre nicht mehr zu wirtschaftlichen Krisen, wie es sie noch zu Ende der fünfziger Jahre gegeben hatte.

Der intellektuelle Diskurs der 60er Jahre wird entscheidend durch Dschalal Al-e Ahmad und Ali Schariati geprägt. War der Diskurs zuvor säkular und marxistisch dominiert, machen diese beiden Intellektuellen den Islam wieder zum Thema. Der Schriftsteller Al-e Ahmad legt in seiner Einstellung zur Religion einen weiten Weg zurück: er wächst auf in einer Ulama-Familie, ist dann jahrelang Mitglied der kommunistischen Tudeh-Pertei und macht schließlich die Pilgerfahrt nach Mekka. Aber er ist kein Islamist, sondern bleibt ein Liberaler. Allerdings erkennt er, welch potentiell starke Kraft die Religion und die Geistlichkeit sind. Im Jahre 1962 veröffentlicht Al-e Ahmad das Buch Gharbzadeghi („Westbefall"; im Sinne von „Das vom Westen Geschlagensein"). In diesem polemischen Essay analysiert er die Krankheit – wie er sie nennt – Irans, die in der gedankenlosen Übernahme westlicher Ideen und Dinge bestehe. Obwohl es in dem Buch nur um Iran geht, enthält es Aspekte, die für die ganze Dritte Welt relevant sind. Al-e Ahmad drückt als einer der ersten Iraner prägnant das Empfinden seiner Zeitgenossen aus. Im Gegensatz zur früheren Generation und dem Schah gibt es nun eine Generation, die dem „Westen" ernüchtert gegenübersteht und sich nach Authentizität sehnt. In der Politik der Islamischen Republik findet man zum Teil immer noch das Denken Al-e Ahmads wieder. Bei Al-e Ahmad klingt eine große Nostalgie an nach dem traditionellen Leben im unberührten, ländlichen Iran. Für ihn ist Gharbzadegi zum einen Teil der Angriff des „Westens" auf Iran und seine islamische Identität. Der andere Teil des Problems sei die bereitwillige Übernahme westlicher Lebensformen durch die Iraner. Die einzige Gesellschaftsschicht, die sich dem entziehe, seien die Ulama. Sie seien auch die einzige Kraft, die während der letzten hundert Jahre erfolgreich die Massen mobilisieren konnte. In diesem Zusammenhang erklärt er Nuri zum Märtyrer im Kampf gegen den Westen.

1968 hält Ali Schariati einen ersten Vortrag in Teheran. Ali Schariati ist der Sohn eines religiösen Gelehrten. Er durchläuft das säkulare Bildungssystem und will der islamischen Jugend eine Alternative zum in Intellektuellenkreisen dominanten Marxismus bieten, indem er ihnen einen modernen Islam präsentiert. Vater und Sohn sind nach 1953 in der Opposition aktiv und werden verhaftet. Ali Schariati studiert in Maschhad und Paris. In Paris beschäftigt er sich mit Soziologie und hat Kontakt zum katholisch-sozialistischen Milieu, das die Religion mit linken Ideen verbindet. Er begegnet dem Islamwissenschaftler Louis Massignon, einem Katholiken mit großem Interesse für die islamische Mystik. Sie spielt auch in Schariatis Leben eine große Rolle. In Paris kommt Schariati auch in Kontakt mit Befreiungsbewegungen aus der Dritten Welt.

Nach seiner Rückkehr thematisiert er dieselbe Problematik wie Al-e Ahmad, bietet aber im Gegensatz zu Al-e Ahmad eine Alternative an, nämlich den Islam – als einer Ideologie, als Drittem Weg zwischen Kommunismus und Kapitalismus. Das wahre Ziel des Islams sei die Revolution, befindet Schariati. Den Ulama wirft Schariati vor, das revolutionäre Potential des Islam zu unterdrücken. Er unterscheidet zwischen „roter" und „schwarzer" Schia: Die „schwarze" sei reaktionär und kooperiere mit den Herrschern, die „rote" sei die wahre, revolutionäre Schia des Imam Ali. Die rote Schia sei ein Islam der Kämpfer und Märtyrer, die safawidische Schia hingegen eine Religion der Klageweiber. Heute würden die Gläubigen nur noch heulen und jammern und sich ihrer Frömmigkeit allein an den religiösen Festtagen erinnern. Zu Auflehnung und Veränderung fehle ihnen die revolutionäre Kraft. Statt dessen huldigten sie seit der Niederlage von Kerbala seinem Märtyrerkult und flüchteten in Selbstmitleid. In seinen Schriften propagiert Schariati deshalb die Rückkehr zum alidischen Islam. Sein Hauptvorwurf richtet sich gegen die Geistlichkeit: Sie beschuldigt er, sich in eine passive, statische Institution verwandelt zu haben. Sie seien ausschließlich an der Wahrung der eigenen Privilegien interessiert und stellten sich deshalb jeglicher Erneuerung und politischer Aktivität entgegen.

Führer seiner neuen Gesellschaft sollten die Rounshanfekr, intellektuelle Denker sein, und nicht die Ulama. In diesem Zusammenhang kreiert er das Schlagwort vom „Islam ohne Mullahs". Die neue Gesellschaftsordnung stellt er sich autoritär vor – wie zu dieser Zeit in den meisten Befreiungsideologien der Dritten Welt üblich. Das Volk sei noch nicht reif für Demokratie, müsse diese erst lernen. Bis dahin müssten weise Führer die Leitung des Staates übernehmen. Der Jugend wird so statt des altmodischen Islams ein moderner, revolutionärer geboten.

Die Krise

1969–70 hält Ajatollah Chomeini in seinem damaligen Aufenthaltsort, dem irakischen Nadschaf, eine Vortragsreihe, in der er mit der Monarchie bricht und die Rechtmäßigkeit der

„Herrschaft des Rechtsgelehrten" (Velayat-e Faqih) begründet: In Abwesenheit des verborgenen Imams soll der qualifizierteste aller Rechtsgelehrten die Herrschaft übernehmen. Wie eine solche Regierung konkret aussehen sollte, sagt er nicht. Ajatollah Chomeini bricht damit mit einer über tausend Jahre alten schiitischen Tradition. Die Vorträge erschienen später in Buchform unter dem Titel „Die islamische Regierung". In Iran wird das Buch damals nicht weiter beachtet. Erst nach der Revolution soll es ernst genommen werden.

1971 inszeniert der Schah die 2500 Jahrfeier der persischen Monarchie. Als Gäste werden ausländische Würdenträger geladen. Die eigene Bevölkerung ist ausgeschlossen. Im selben Jahr nimmt die marxistische Guerillaorganisation Fedajin-e Khalq ihren Guerillakampf gegen das Regime auf. Wenig später werden die Volksmudschaheddin aktiv. Sie vertreten eine Verbindung aus Islam und Marxismus. Vorbildcharakter hat für diese Organisationen die Kubanische Revolution und Ernesto Che Guevaras Konzept des Guerillakampfes. Der Guerillakampf würde der Revolution vorangehen und sie auslösen, die Bevölkerung würde sich dann anschließen. Das Konzept wird zu der Zeit auf mehreren Kontinenten verfolgt. Auch in Iran geht es zum Teil auf. In den kommenden Jahren sterben bei zahllosen Angriffen Hunderte von Kämpfern der Volksmudschahedin. In den Gefängnissen sitzen Tausende ihrer Mitglieder ein. Bis 1978 vermag der SAVAK zwar die Organisationen zu schwächen, nicht aber, sie zu vernichten.

Im Herbst 1973 führt der Ölboykott der arabischen Staaten gegen Länder, die Israel im Yom Kippur Krieg beistanden, zum explosionsartigen Anstieg der Ölpreise. Iran beteiligt sich nicht an dem Boykott, profitiert aber von der Vervielfachung der Ölpreise. Der Schah verkündet, dass sich Iran innerhalb kürzester Zeit unter den führenden Industriestaaten der Welt befinden würde und investiert den neuen Reichtum umgehend in eine Unmenge von Projekten und die Rüstung. Doch Iran ist von der wirtschaftlichen Entwicklung überfordert. Die Wirtschaft überhitzt sich und es herrscht Inflation. Mitte der siebziger Jahre steckt Iran in einer Wirtschaftskrise. Der Schah muss seine großspurigen Versprechungen revidieren. Seit den fünfziger Jahren sind die Städte enorm gewachsen. Die Kluft zwischen arm und reich wird immer größer. Auch die Jugend ist unzufrieden. Ihr fehlt es an Studien- und Ausbildungsplätzen.

1974–75 führte der Irak Krieg mit den irakischen Kurden, deren Widerstand durch die Unterstützung Irans, Israels und der CIA ermöglicht wird. Im April 1975 jedoch einigt sich der Schah im so genannten „Abkommen von Algier" mit dem Irak auf die Lösung der Shatt el-Arab-Frage, dem offiziellen Grenzverlauf zwischen Iran und Irak. Sofort lässt der Schah die verbündeten Kurden fallen. Dort ist zu diesem Zeitpunkt schon Saddam Hussein der starke Mann. 1975 bricht der Schah seine vor Jahren gegebene Zusage, nie eine Einheitspartei zu gründen und ersetzt die Marionettenparteien durch die Einheitspartei Rastachiz. Er erklärt, die Bürger hätten die Wahl zwischen Beitritt oder Auswanderung. Immer stärkere Unzufriedenheit macht sich breit. Die Bürger fordern Mitbestimmung. Sie wollen, dass die Zensur abgeschafft wird, sie verlangen Meinungsfreiheit und Pressefreiheit. Und vor allem: einen Rechtsstaat.

Die wirtschaftliche Situation beruhigt sich nicht. Der Schah hält die Inflation für das Werk von Spekulanten und führt daher im Sommer eine Kampagne gegen hohe Preise: Tausende junger Leute fallen im Auftrag der Rastachiz in die Basare ein und verhängen Geldbußen und Haftstrafen. 1976 ersetzt der Schah die islamische Zeitrechnung durch den kaiserlichen Kalender. Aktionen dieser Art beunruhigen die Ulama und die mit ihnen verbündeten Basaris erheblich. Sie fühlen sich in ihrer Existenz bedroht.

1976 zeigte sich, dass der Schah sich wirtschaftlich übernommen hat: In einem System, wo jeder weiß, dass der Schah über alles selber entscheidet, erweist sich dies als fatal: Er kann niemandem die Schuld für die wirtschaftliche Misere geben.

2.7 Der Untergang der Monarchie

1977 reduziert das Regime die Repression. In den Augen der Bevölkerung liegt dies an der Wahl des Demokraten Jimmy Carter zum US-Präsidenten im November 1976. Er hatte schließlich im Wahlkampf die Frage der Menschenrechte thematisiert. Die Wahrheit ist komplexer: Zum einen ist der Schah schon lange nicht mehr ein einfacher Befehlsempfänger der Vereinigten Staaten. Außerdem macht Präsident Carter gerade im Falle Irans eine Ausnahme. Dennoch hat der Schah seine Gründe, die USA gnädig stimmen zu wollen: Zum einen will er Waffen von den USA. Hinzu kommt, dass er sich angesichts seiner Krebskrankheit, von der er seit 1974 weiß, Sorgen um die reibungslose Übergabe des Thrones an seinen Sohn macht. Nicht zuletzt spielt die Sorge des Schah um sein Image in der Welt eine Rolle. In den letzten Jahren haben internationale Menschenrechtsorganisationen ihr Augenmerk besonders auf Iran gerichtet, und das Bild, das sich ihnen bietet, schadet dem Image des Schahs.

Im Land regt sich erneut Widerstand, vor allem von säkularen Intellektuellen. Im Laufe des Jahres formieren sich die Nationale Front und die Nehzat Azadi neu. Im August ersetzt der Schah Ministerpräsident Hoveyda durch den Technokraten Dschamschid Amuzegar. Dies soll eine politische Wende andeuten. Angesichts der untergeordneten Stellung des Ministerpräsidenten im System beeindruckt das Manöver aber nicht. Amuzegar fehlt das politische Geschick, um mit den Protesten fertig zu werden. Zur selben Zeit terrorisiert der SAVAK die Opposition. Dies radikalisiert die bis dahin noch mit bescheidenen Forderungen auftretenden Oppositionellen nur. Im Juni stirbt Ali Schariati im Londoner Exil und im Oktober Chomeinis ältester Sohn Mustafa im Irak. Für viele Iraner gilt als sicher, dass der SAVAK sie ermordet hat.

Am Jahresende 1977 macht Carter einen Zwischenstopp in Teheran, um das Silvesterfest mit der Schah-Familie zu feiern. Am 7.1.1978 erscheint in einer der Regierung nahe stehenden Zeitung ein Schmähartikel über Ajatollah Chomeini. In Ghom kommt es daraufhin zu Protesten, die sich zu Unruhen ausweiten. Viele Experten sehen den Brief als den eigentlichen Beginn der Revolution an.

Neben der säkularen Opposition wird nun die religiöse gegen den Schah aktiv. Sie ist besser organisiert und kann auf das landesweite religiöse Netz aus Moscheen und religiösen Zirkeln zurückgreifen. Mit Ajatollah Chomeini hat sie einen weithin respektierten Führer, noch dazu im Ausland, fern des Zugriffs der Regierung. Seine Anhänger suchen Chomeini in seinem Exilort Nadschaf auf, empfangen seine Anweisungen, und vor allem nehmen sie seine Reden und Predigten auf Kassetten auf. Sie werden im ganzen Land verbreitet. Schon lange haben die Anhänger Chomeinis in Iran ein feinmaschiges Netz geknüpft. Die Moscheen sind dem Zugriff der Staatsgewalt weitestgehend entzogen. Sie sind ein ganz normaler Versammlungsort: Wenn man sich hier versammelt, ist das nicht weiter auffällig. Anders ist es mit größeren Zusammenkünften von säkularen Oppositionellen. Deshalb schließen sich die anderen oppositionellen Strömungen den Gefolgsleuten Chomeinis an. Denn obschon diese Revolution als islamische Revolution in die Geschichte eingehen wird, haben keineswegs nur die religiösen Kräfte zu ihrem Erfolg beigetragen. Im Gegenteil. Der Anteil der bürgerlich-nationalistischen Opposition an ihr ist beträchtlich. Die Massen allerdings werden von Chomeini und seinen Gefolgsleuten mobilisiert. Sie sprechen die Sprache, die das Volk versteht, eine Sprache, die religiöse Bilder benutzt, um Unterdrückung anzuprangern. Sie wird besser verstanden als Vokabeln wie Proletariat, Klassengesellschaft und Klassenkampf, Bourgeoisie. Oder auch Demokratie und Rechtsstaat. Zum berühmtesten Lied der Revolution wird ein Ausspruch des Propheten Mohammad: „Erhabener Prophet Mohammad, du hast gesagt, ein Volk kann nicht ohne Gerechtigkeit sein," heißt es darin. Die Gerechtigkeit gehört zu den fünf Glaubenswahrheiten der Schia

– ein Satz voller politischer Sprengkraft. In jeder Demonstration wird er tausendfach wiederholt. Ebenso wie ein anderer Satz, den Chomeini seinen Gefolgsleuten mit auf den Weg gegeben hatte: „schah bayad berawad" – der Schah muss gehen. Er kennt keine Kompromisse, seine Position ist die radikalste von allen. Alle Vermittlungsversuche, Zwischenlösungen, Angebote der Schah-Regierung weist er zurück: mit dem einen Satz: Der Schah muss gehen.

Nach schiitischem Brauch gedenkt man der Toten am 40. Tage nach ihrem Tod. Die religiöse Opposition nutzt den Brauch, um zu Protesten aufzurufen. Aufrufe anderer religiöser Führer und von Ajatollah Chomeini, an diesem Tag zu protestieren, werden am 18. Februar 1978 in mehreren Städten befolgt. In Täbris wird dabei eine neue Dimension von Unruhen erreicht. Büros der Rastachiz-Partei, Banken und Kinos werden attackiert. Es gibt Tote. Der Schah reagiert neben der üblichen Verdammung aller Demonstranten mit der Absetzung des Provinzgouverneurs. Am 29. März, nach weiteren vierzig Tagen, gedenken die Menschen der Toten des 18. Februar: In 55 Städten kommt es zu Protesten – in Teheran und Isfahan finden viele Menschen den Tod. Die Armee schießt in die Menge. Die Demonstrierenden stellen sich ihnen mit dem Koran und einer Tulpe in der Hand entgegen. „Wenn Ihr uns tötet, tötet Ihr Euch selbst", rufen sie ihnen entgegen. Die Unruhen wiederholen sich zyklisch. Bis zum Juni sind so viele Tote zu beklagen, dass es jeden Tag einen vierzigsten Todestag gibt.

Der Geheimdienst reagiert: Der SAVAK verübt Bombenanschläge auf Vertreter der gemäßigten Opposition, auf Ajatollah Schariat Madari beispielsweise. Doch es gibt erste Anzeichen, dass der SAVAK die Lage nicht mehr im Griff hat. Das ermutigt die Opposition und ist für ein Regime, das von seinem Image, allmächtig zu sein, lebt, lebensgefährlich. Ein anderes, heiß debattiertes Thema ist die Rolle der USA während der Revolution. Die US-Regierung ist zu der Zeit vollauf mit dem Konflikt zwischen Arabern und Israel beschäftigt. Hinzu kommt, dass es interne Konflikte gibt zwischen dem Außenministerium, das für ein Nachgeben gegenüber der Opposition plädiert, und dem Sicherheitsberater von Carter, Zbigniew Brzesinki, der für Unnachgiebigkeit plädiert. Am 19. August brennt das Rex Kino in Abadan nieder. Der Kinobrand markiert einen Wendepunkt: Kurz danach setzt der Schah Ministerpräsident Amuzegar ab, neuer Ministerpräsident wird Scharif Emadi.

Nachdem die Lage sich im Sommer kurz beruhigt hatte, gehen die Proteste im Herbst in die entscheidende Phase. Zu den Demonstrationen kommen nun Streiks hinzu – insbesondere in der Ölindustrie. Das Land ist lahmgelegt. Der Geheimdienst muss tatenlos zusehen. Am 9. September kommt es in Teheran auf dem Jaleh Platz zu einem großen Massaker der Armee an Demonstranten, und im Oktober stellt sich auch die Nationale Front hinter Ajatollah Chomeini als Revolutionsführer – aus taktischen Erwägungen. Ihm trauen sie zu, die Massen zu mobilisieren. Dass er die Herrschaft anstrebt, kann sich keiner vorstellen. Von nun an treten die säkulare und die religiöse Opposition geschlossen auf.

Nach einem Tag schwerer Krawalle wird im November eine Militärregierung ernannt. Doch Ministerpräsident General Azhari zeigt sich genauso hilflos wie die Regierung Scharif Emadis. Im Dezember beginnt der Trauermonat Muharram. Millionen von Iranern ziehen landesweit durch die Straßen und fordern das Ende der Diktatur. Ende des Jahres ist klar, dass auch die Militärregierung gescheitert ist. Der Schah versucht, eine Koalitionsregierung zu bilden, findet aber keinen Kandidaten für den Posten des Ministerpräsidenten, der seine Bedingungen akzeptiert. Schließlich erklärt sich Schahpur Bachtiar, Mitglied der Nationalen Front, bereit, der Regierung vorzustehen. Er besteht zwar darauf, dass der Schah das Land verlässt, fordert aber nicht, dass er abdanke. Die von der Ernennung Bachtiars erhoffte Spaltung der Opposition tritt jedoch nicht ein. Die Proteste gehen weiter, und auch den neuen Ministern gelingt es nicht, ihre Ministerien unter ihre Kontrolle zu bringen.

Ajatollah Chomeini bildet einen geheimen Revolutionsrat und die USA entsenden General Robert E. Huyser, damit er verhindert, dass wichtige Militärgeheimnisse in die Hände der Revolutionäre fallen. Außerdem soll er die Militärführung von einem Putsch abhalten. Noch immer setzen die USA auf den Schah. Der wird bei der Aktion nicht gefragt und erfährt erst Tage später, dass General Huyser sich in Iran befindet. Am 16. Januar verlässt der Schah das Land. Der Bevölkerung drängen sich Parallelen zu den Geschehnissen von 1953 auf: Damals floh der Schah und wurde wenig später von den Amerikanern wieder installiert. Dass die Amerikaner der Absetzung ihres Klienten so einfach zusehen würden, scheint der iranischen Bevölkerung undenkbar. Doch auch im Ausland kann niemand glauben, dass nun der König aller Könige, das Licht der Arier – wie er sich nannte – tatsächlich vom Pfauenthron gestoßen worden ist.

Teheran befindet sich in diesen ersten Tagen nach der Abreise des Schahs im Ausnahmezustand, aber etwas lässt sich mit den Händen greifen: Die Angst ist weg, die Angst, immer und überall vom SAVAK eingesammelt werden zu können, gefoltert und mundtot gemacht zu werden. Das Gegenteil ist jetzt der Fall: Vor kurzem noch verbotene Bücher werden zum Verkauf angeboten, kritische Zeitungen erleben hohe Auflagen, die Zensur ist außer Kraft gesetzt. Überall, an jeder Ecke, stehen die Menschen in Gruppen zusammen und diskutieren über die neuesten Ereignisse. Unzählige Gerüchte, ermutigende und beängstigende, sind im Umlauf.

Am 1. Februar 1979 kehrt Ajatollah Chomeini zurück. Nun tritt die Revolution in ihre entscheidende Phase. Der 2. Februar ist ein schöner Tag, ein hellblauer Himmel strahlt über der Hauptstadt Teheran. Millionen von Menschen haben sich zur Begrüßung des Revolutionsführers versammelt. Jeder erwartet die Erfüllung seiner Wünsche und Träume. „Du bist meine Seele, Chomeini", hallt es durch die ganze Stadt.

Am 5. Februar setzt Ajatollah Chomeini Mehdi Bazargan als Chef einer provisorischen Regierung ein, die bis zu den Wahlen das Land regieren sollte. Bachtiar bleibt formell noch im Amt, flieht aber Tage später. Am 10. Februar kommt es zu Kämpfen zwischen der imperialen Garde und den Revolutionären. Dabei fallen den Aufständischen enorme Waffenmengen in die Hände. Am 11. Februar erklärt die Militärführung ihre Neutralität. Damit hat die Revolution gesiegt.

3. Die Islamische Revolution

3.1 Der kurze politische Frühling

Die Iraner können es nicht glauben: Die Revolution hat gesiegt, die Herrschaft des Schahs ist beendet. Große Teile der iranischen Bevölkerung erwarten nun, dass eine provisorische Regierung eine neue Verfassung erarbeiten und freie Parlamentswahlen abhalten werde. Doch auf die eine Diktatur folgt die nächste. Chomeini führt in Iran – zum Entsetzen und auch Erstaunen der national-bürgerlichen Kräfte – die so genannte „Herrschaft des Obersten Rechtsgelehrten" als Regierungsform ein.[1] Chomeinis Äußerungen in seinem Exilort Paris lassen die Welt glauben, dass er ein wirklicher Demokrat sei: „All die Erniedrigten, Geknechteten, Ausgebeuteten, Hungernden werden endgültig die Freiheit erringen", sagt er. Politische Verfolgungen, Zensur, Verbote werde es nie mehr geben. Den Frauen verspricht er freie Berufswahl und Gleichberechtigung.

Vor allem ein bestimmtes Interview, das er in Paris der Zeitung *Le Monde* gibt und das auch in Iran verbreitet wird, hat eine große Wirkung. Viele Intellektuelle sagen daraufhin, sie hätten noch nie in der Geschichte der Schia einen Geistlichen erlebt, der so tolerant ist und solche freien Anschauungen vertritt. Ganz deutlich erklärt Chomeini in diesem Interview, dass nicht die Geistlichen in dem neuen Staat die politische

[1] Siehe zum politischen System der Islamischen Republik: Katajun Amirpur, Gott ist mit den Furchtlosen. Schirin Ebadi – Die Friedensnobelpreisträgerin und der Kampf um die Zukunft Irans: 19f.

Führung übernehmen werden, sondern die Politiker. Er verspricht Freiheit der Parteien und Meinungsfreiheit. Diese Äußerungen erzielen bei den Intellektuellen einen großen Effekt. Daher sammeln sich auch die bürgerlich-nationalen und liberalen Kräfte hinter Chomeini. Zumeist aus taktischen Gründen. Sie sehen, dass er tatsächlich die Massen mobilisieren kann und glauben, ihn dann bald abschieben zu können. Zwar hatte er in seinem Frühwerk „Der islamische Staat" gefordert, dass die Geistlichen die Regierung übernehmen müssen. Jetzt aber erklärt er auf die Nachfrage Banisadrs hin, er habe damit nur eine allgemeine Diskussion über die Rolle der Geistlichen entfesseln wollen.

Entscheidend ist aber auch die charismatische Ausstrahlung Chomeinis. Zwar flößt er westlichen Beobachtern eher Furcht ein: die dichten, nach oben gewölbten Augenbrauen, die stechenden Augen und der starre emotionslose Blick. Iraner hingegen – und zwar auch spätere Systemgegner – sprechen bis heute bewundernd von Chomeinis Charisma. Chomeini sei zwar wortkarg gewesen, aber sehr freundlich. Und dadurch sei ihm gelungen, die verschiedensten Leute um sich zu sammeln und für sich zu gewinnen.

Nur wenige sehen in Chomeini schon früh eine Gefahr für eine demokratische Entwicklung Irans. Mehdi Bazargan beispielsweise, der erste Ministerpräsident der Islamischen Republik Iran. Er soll nach seinem ersten Besuch bei Chomeini in Paris gesagt haben: „Das ist ein Schah mit Turban."

Hinter der freundlichen Fassade Chomeinis steckt ein eiskalter Machtwille. Er legt die taktisch motivierte Unterstützung, die er von allen Seiten während der Revolution erfahren hat, als Mandat des Volkes für seine Herrschaft aus. Er hat mit seinem kompromisslosen Kurs den Sturz des Schah-Regimes erreicht und dadurch gegenüber den gemäßigten Politikern an Ansehen und Einfluss gewonnen. Aber Chomeini hat die Geschichte der Verfassungsrevolution vor Augen, und er hat nicht vergessen, wie es Fazlollah Nuri ergangen ist. Dass die säkularen Kräfte wie damals triumphieren, will er unbedingt verhindern. Erst in diesem Zusammenhang wird der Begriff „Islamische Revolution“ geprägt. Die Islamisten versuchen, die Deutungshoheit über die Revolution zu gewinnen. Für Chomeini ist die Revolution mit dem Sturz des Schahs nicht vorbei, sein Ziel ist die vollständige Islamisierung der Gesellschaft. Die Revolution dauert daher in den Augen der Islamisten bis heute an.

Die Islamisierung der iranischen Gesellschaft geht – verglichen beispielsweise mit Afghanistan unter den Taliban – relativ langsam vonstatten. In Afghanistan führen die Taliban sofort ihre Version der Scharia ein, in Iran dauert es ein wenig länger. Dies ist darauf zurückzuführen, dass auch unter den Islamisten kein Konsens darüber besteht, was Islamisierung eigentlich bedeutet. Wie aktiv die Rolle ist, die Chomeini 1979 spielt, bleibt unklar. Bis heute ist die Frage nicht beantwortet, ob er sein Vorgehen generalstabsmäßig plant und taktisch abwägend Schritt für Schritt einen bestimmten Plan verfolgt oder ob seine Gefolgsleute – beispielsweise Ajatollah Beheschti – die treibenden Kräfte sind.

Chomeini macht Bazargan zum Ministerpräsidenten. Dass die Mullahs tatsächlich den Politikern das Regieren überlassen wollen, schließen viele daraus. Die Existenz und das Vorgehen des so genannten Revolutionsrates jedoch stehen für das Gegenteil. Zielstrebig gehen Chomeinis Gefolgsleute daran, die entscheidenden Machtpositionen wie z.B. Radio und Fernsehen zu besetzen, und profitieren dabei stark davon, dass ihre politischen Konkurrenten ihre Ambitionen unterschätzen. Außerdem sind sie weit besser organisiert: Sie verfügen als einzige politische Kraft über ein Netzwerk aus Moscheen, Koranschulen (Madrasas) und religiösen Zirkeln – und das landesweit. Zudem können sie im Streit mit den säkular orientierten Kräften über die zukünftige Gestalt des Staates sogar auf die Unterstützung der traditionellen Ulama zählen, die Ajatollah Chomeinis Vorstellungen vom politischen Islam eigentlich nicht mittragen. Chomeini ist eindeutig gegenüber anderen bedeutenden politischen Persönlichkeiten im Vorteil. Er ist nicht nur der Führer der islamistischen Fraktion unter den Revolutionären, sondern zugleich eine der höchsten religiösen Autoritäten des Landes. Er kann daher verschiedene Schichten der Gesellschaft erreichen, wie auch unterschiedliche Lager innerhalb der Ulama. Auch in den Augen apolitischer Mullahs hat Ajatollah Chomeini dem Islam und den Ulama durch die Revolution zu neuem Ansehen verholfen. Der Islam ist eine revolutionäre Kraft, eine Kraft von solcher Wucht, dass sie das waffenstrotzendste Regime im Nahen Osten hinweg fegt.

Ein weiterer Vorteil der Fraktion um Chomeini ist, dass sie über große personelle Ressourcen verfügt. Das zeigt sich beispielsweise 1981, als viele ihrer Führer Attentaten zum Opfer fallen, das Regime aber nicht ans Ende seiner Personaldecke kommt. Es rücken sofort Leute aus der zweiten Reihe nach.

Diesem weitgehend geschlossenen Lager steht eine Reihe politischer Gegner gegenüber, die untereinander zutiefst verfeindet sind. Gemäßigte und revolutionäre Gruppierungen bekämpfen sich gegenseitig, ebenso islamische und säkulare Guerillagruppen. Deshalb regt sich nur wenig Protest bei den jeweils anderen, als Ajatollah Chomeini erst die Volksfedajin ausschaltet und dann der Reihe nach die anderen Gruppierungen. Den Gegnern Chomeinis gelingt es in den nächsten Jahren weder sich zusammenzuschließen noch dem Lager um Chomeini die Initiative zu entreißen.

Chomeini will einen islamischen Staat, aber seine Vorstellungen wie der genau auszusehen hat, sind wenig konkret. Auch seine Schrift über den islamischen Staat ist kein detailliertes Staatskonzept, sondern begründet nur den Führungsanspruch der Geistlichen. Zunächst lässt Chomeini die provisorische Regierung die Staatsgeschäfte führen. Mehdi Bazargan ist eine geschickte Wahl für das Amt des Ministerpräsidenten: bekannt für seine gemäßigte Haltung, ein Liberaler, aber fromm und daher akzeptabel für Islamisten wie für Säkularisten. Die Minister der Regierung Bazargan kommen zumeist aus der Nehzat-e Azadi, einige gehören auch der Nationalen Front an. Aber nicht die Regierung, sondern der von Ajatollah Motahhari geführte Revolutionsrat ist die höchste Instanz. Er verfügt sogar über gesetzgeberische Kompetenz. So entstehen Parallelinstitutionen: Chomeini und seine Gefolgsleute misstrauen Polizei und Armee und setzen stattdessen auf die während der Revolution gebildeten örtlichen Revolutionskomitees. Die politische Landschaft wird dadurch immer undurchsichtiger – vor allem sind Macht- und Kompetenzfragen nicht geklärt. Chomeini selbst beschränkt sich nie auf die Rolle, die er sich ursprünglich zugewiesen hat: die einer Instanz, die über den Institutionen steht und zwischen den Akteuren vermittelt. Häufig greift er die provisorische Regierung in aller Öffentlichkeit an. Dies ist völlig kontraproduktiv – außer er will sie bewusst blamieren. Indem er die Regierung öffentlich abkanzelt, untergräbt er ihre Autorität. Ministerpräsident Bazargan muss schnell feststellen, dass er die Unterstützung Chomeinis nur bedingt genießt. Der Revolutionsrat bzw. die Revolutionskomitees führen ein Eigenleben, die Regierung hat nur wenig wirkliche Macht und keinen großen Spielraum. Bazargan bietet unter diesen Bedingungen mehrmals seinen Rücktritt an. So entstehen die Doppelstrukturen, die bis heute ein typisches Merkmal der Islamischen Republik sind – wenn sie auch heute in anderem Maße und in anderer Form bestehen als zu Zeiten Chomeinis.

3.2 Das böse Erwachen

Der Frühling der Freiheit, der auf die Revolution folgt, währt nicht lange. Nach der Revolution setzt eine Hinrichtungswelle ein, die von Teilen der Linken begrüßt wird. An den Tätern des alten Regimes Rache zu nehmen, ist ein Motiv für die Hinrichtungen, man will aber auch potentielle Führer der erwarteten Konterrevolution ausschalten. Von geordneten Verfahren kann keine Rede sein. Es wird Lynchjustiz geübt. Die

Revolutionskomitees verhaften nach Lust und Laune, und nach demselben Prinzip werden von den Revolutionstribunalen die Urteile gesprochen. Ministerpräsident Bazargan versucht, die Exzesse zu stoppen. Es gelingt ihm aber nicht. Chomeini hat in seiner Rhetorik schon seit langem den Kampf gegen politische Gegner zu einem Kampf zwischen Gut und Böse, Gott und Satan umgedeutet. Kritik wird brutal unterdrückt, Kritiker werden umgehend als Diener des Teufels, Agenten Israels oder der USA diffamiert. Der Terror der Anhänger Chomeinis gegen die politischen Gegner bzw. die Ausgrenzung an der Revolution beteiligter Gruppen und die Ankündigung einer rigiden Islamisierung der Gesellschaft machten alle Hoffnungen zunichte.

Es ist ein sehr rigoroses Recht, das die Mullahs in Iran zur Anwendung bringen. Ein Recht, in dem vor- und außerehelicher Geschlechtsverkehr mit Steinigung bestraft wird – obwohl dies der Koran so nicht vorsieht – , ein Recht, das das Abschlagen der Hand befürwortet und das die Ungleichheit von Mann und Frau fördert.[2]

Sofort nach der Revolution werden die Besitztümer des Schahs in Stiftungen (bonyads) zusammengefaßt, die großen Einfluss auf die Wirtschaft nehmen. Im Februar wird mit dem Segen Chomeinis die Islamisch Republikanische Partei (IRP) gegründet. Sie ist eine Partei der Geistlichkeit und gibt dem informellen Ulama-Netz nun ein offizielles Gesicht. Im Gegensatz zu anderen neu gegründeten Parteien ist sie sofort landesweit vertreten. Zu ihren Gründern gehören neben Beheschti, der bis zu seiner Ermordung im Juni 1981 die führende Persönlichkeit im Lager um Ajatollah Chomeini ist, auch Ali Akbar Rafsandschani und Ali Chamenei, die beide bis heute eine wichtige Rolle in der Islamischen Republik spielen.

---

[2] Vgl. Katajun Amirpur, Gott ist mit den Furchtlosen. Schirin Ebadi – Die Friedensnobelpreisträgerin und der Kampf um die Zukunft Irans.

Als die Volksfedajin für den 22. Februar des Jahres 1980 eine Demonstration ankündigen, brandmarkt Chomeini sie als „Ungläubige" und „Feinde des Islam" – eine eindeutige Kampfansage. Er will die Volksfedajin von der politischen Bühne drängen.

Am 26.2. verkündet Ajatollah Chomeinis Büro die Abschaffung des „Gesetzes zum Schutze der Familie." Rechtlich gesehen bedeutet die Aussetzung einen Rückfall in den Status von 1931. Der Beschluss wird aufgrund des Widerstands der provisorischen Regierung nicht sofort umgesetzt. Sie erklärt, es sei falsch, das Gesetz abzuschaffen, solange es kein neues Gesetz gibt, muss aber im August schließlich nachgeben. Eine Folge ist, dass es keine staatliche Geburtenkontrolle mehr gibt. Angesichts des ohnehin seit Jahren explosionsartigen Bevölkerungswachstums und den zu knappen Ressourcen des Landes hat dies fatale Auswirkungen. Ajatollah Chomeini und seine Fraktion ignorieren dieses enorme Problem bis Ende der achtziger Jahre. Während des iranisch-irakischen Krieges werden die Familien stattdessen ermutigt, mehr Kinder zu kriegen.

Von den beruhigenden Erklärungen zur Frauenfrage, die Chomeini in Paris abgegeben hat, bleibt nach seiner Rückkehr nur wenig übrig. Über die Form des neuen islamischen Staates kann er zwar nur wenig Konkretes sagen, aber seine Haltung zu Frauen ist klar: Die unverschleierte Frau ist für ihn ein Symbol der Pahlavi-Herrschaft. Die offizielle Islamisierung des Landes beginnt bei den Frauen. Keine andere Frage wird so rapide und gründlich angegangen. Chomeini ist unerbittlich: Eine islamische Gesellschaft ohne Hedschab ist für ihn undenkbar. Die verschleierte Frau wird zum Symbol für eine islamische Identität und die Islamische Republik und ist bis heute wohl die erste Assoziation, die Ausländer haben, wenn sie das Wort Iran hören.

Am 7.3.1979 gibt Chomeini in einer öffentlichen Erklärung bekannt, dass Frauen die dem Islam gemäße, sittliche

Kleidung tragen sollen. Gemeint ist der Hedschab. Es kommt daraufhin zu einer Welle von Protestmärschen. Auch am Internationalen Frauentag, dem 8. März, findet eine Demonstration statt. Sie wird von Islamisten angegriffen, und von nun an werden staatlich sanktionierte Übergriffe auf Frauen zu einem charakteristischen Merkmal der Islamischen Republik – bis heute. An ihrer Intensität kann man stets ablesen, welches politische Lager gerade die Oberhand hat. Die Frauen, die gegen den Hedschab protestieren, sind die erste Bevölkerungsgruppe, die sich dem neuen Regime widersetzt. Und sie tragen einen kurzfristigen Sieg davon. Chomeini macht einen Rückzieher und lässt Ministerpräsident Bazargan erklären, Konterrevolutionäre hätten die Aussage Chomeinis verdreht. In Chomeinis Namen versichert Bazargan den Frauen nachdrücklich, dass es keinen Zwang geben werde, den Schleier zu tragen. Chomeini wolle die Frauen überzeugen, nicht zwingen.

Ein ganz entscheidender Punkt, den das neue Regime nicht anrührt, ist das aktive und passive Wahlrecht der Frauen. Frauen dürfen sowohl am Referendum über die Abschaffung der Monarchie, das vom 30. bis zum 31. März stattfindet, sowie an der späteren Wahl zum Expertenrat teilnehmen und bei letzterer sogar kandidieren. Auf dieser Grundlage fordern die Frauen später ihre Rechte ein.

Am 18.3. kommt es zu Kämpfen zwischen den Kurden und Regierungstruppen. Dem sind Forderungen der Kurden an Teheran vorausgegangen, die aber ignoriert werden. Die Kurden haben – wie andere ethnische Minderheiten auch – die Revolution unterstützt. Unter dem Schah ist ein Kurs der Persifizierung verfolgt worden. Minderheiten wie die Kurden, die Turkmenen, die Balutschen und die Araber erhoffen sich nun eine regionale Autonomie sowie sprachliche und kulturelle Freiheit. Bei Chomeini stößt dies jedoch auf Ablehnung, für ihn gibt es nur die weltweite Einheit der muslimischen Gemeinde (umma) und den Nationalstaat Iran – und somit keinen Raum für eine individuelle ethnische Identität. Nach den unverschleierten Frauen und Marxisten werden nun auch die ethnischen Minderheiten zu den Feinden der Republik gezählt.

Bei der Abstimmung über die neue Staatsform besteht nur die Wahl zwischen islamischer Republik oder Monarchie. Damit ist das Ergebnis klar, schließlich hat man eine Revolution gemacht, um die Monarchie abzuschaffen. 98,2 Prozent der Wähler stimmen für die Einführung einer islamischen Republik. Kritiker beanstanden, dass keine säkulare Regierungsform wie beispielsweise eine demokratische Republik zur Disposition steht. Insgesamt regt sich in der Bevölkerung jedoch nur wenig Widerstand gegen diesen Mangel an echten Alternativen – möglicherweise hängt dies auch damit zusammen, das völlig unklar ist, was eine islamische Republik überhaupt sein soll. Der Begriff könnte auch eine säkulare Staatsform meinen. Die einzige islamische Republik, von der man je gehört hat, ist das Nachbarland Pakistan, und Pakistan ist damals ein vollkommen säkularer Staat.

Doch wieso lassen sich auch die Intellektuellen auf eine „islamische" Republik ein? Von ihr ist während der Revolution nie die Rede. Die intellektuelle Elite Irans begründet dies damit, dass man sich um Worte nicht streiten wollte und Ajatollah Chomeini habe beharrlich auf dem Begriff „Islamische Republik" bestanden. Und sie dachte, auch eine islamische Republik könne ein demokratischer Staat sein.

Großajatollah Schariat Madari ist einer der größten Kritiker der Abstimmung und des Begriffs islamische Republik. Er lehnt Ajatollah Chomeinis politische Vorstellungen ab und wird damit in den nächsten Jahren zu dessen gefährlichstem Rivalen. Wie sich herausstellt, ist Chomeini ihm jedoch an taktischem Geschick und politischer Rücksichtslosigkeit bei weitem überlegen.

Im Mai wird aus einer Vielzahl von Milizen das Corps der Revolutionswächter (Pasdaran-e enqelab–e eslami) gebildet, das sich bis heute als die Hüter der Revolution versteht. Mit ihm entsteht eine weitere Parallelorganisation, die sich der Kontrolle der Regierung entzieht. Das Lager um Chomeini will sich für einen möglichen Konflikt mit der Armee und den bewaffneten Guerillaorganisationen wie den Volksfedajin und Volksmudschahedin eine eigene Streitmacht zulegen. Die Revolutionswächter werden zuerst gegen aufständische Minderheiten eingesetzt und konkurrieren von Beginn an mit der regulären Armee. Sie sind bis heute die stärkste Machtsäule der herrschenden Konservativen und führen ein vollständiges Eigenleben. Die Regierung kann sie nicht kontrollieren.

Chomeini beauftragt Bazargan im Februar 1979 nicht nur mit der Regierungsbildung, sondern auch damit, einen Verfassungsentwurf zu erarbeiten. Damit ist schon in Chomeinis Exilort Paris begonnen worden. Nach mehrfachen Revisionen legt die provisorische Regierung dann am 18. Juni des Jahres den Verfassungsentwurf vor. Von der führenden Rolle des „Obersten Rechtsgelehrten", des Faqih, wie sie später die endgültige Verfassung festschreibt, ist zu diesem Zeitpunkt noch keine Rede. Ajatollah Chomeini hat sich mehrfach zu dem Verfassungsentwurf der provisorischen Regierung bekannt. Nach dem Erfolg des Referendums überlegt er nun aber, auch über die Verfassung per Referendum entscheiden zu lassen. Das ist ein klarer Bruch seiner Zusage, eine Verfassunggebende Versammlung einzuberufen.

Nach Protesten, insbesondere von Großajatollah Schariat Madari, einigt man sich auf einen Kompromiss. Ein Expertenrat mit 73 gewählten Mitgliedern sei fast eine Verfassunggebende Versammlung, heißt es. Seine einzige Aufgabe besteht darin, den Verfassungsentwurf noch einmal durchzugehen und zu überprüfen. Sich auf diesen „Kompromiss" einzulassen, ist ein fataler Fehler der liberalen Kräfte.

Der am 3. August 1979 gewählte Expertenrat besteht überwiegend aus Ulama. Anderen Kandidaten wird die Zulassung verweigert und viele Parteien boykottieren die Wahl ohnedies. Die IRP verfügt daher im Expertenrat über eine klare Mehrheit. Die Anhänger Ajatollah Chomeinis verwerfen den Verfassungsentwurf der provisorischen Regierung umgehend und erarbeiten einen neuen. Sein Kernstück ist die Doktrin von der „Herrschaft des Obersten Rechtsgelehrten".

3.3 Das politische System

Die politische Ordnung der Islamischen Republik Iran beinhaltet durchaus Elemente einer parlamentarischen Demokratie: Sie kennt das Amt des Präsidenten und des Ministerpräsidenten, und sie verfügt über ein Parlament. Während aber in einem republikanischen System das Parlament das höchste Organ ist, ist es in der Islamischen Republik der Rahbar, der Revolutionsführer bzw. Faqih. Faktisch gesehen ist die Islamische Republik Iran damit eine Theokratie, eine Staatsform also, in der Geistliche die Herrschaft an Gottes statt ausüben.

Das theokratische Element birgt eine beträchtliche Problematik in sich. Chomeini kann nicht für sich beanspruchen, als einziger zu wissen, was Gottes Wille ist. Dass er der oberste Mardscha sei, behaupten zwar seine Anhänger. Aber es gibt andere Großajatollahs, die ihn nicht anerkennen. Für deren Klientel sind die religiösen Verfügungen (Fatwas) Chomeinis nicht bindend. Seine diversen Kurswechsel, die von Fehlbarkeit und Unvollkommenheit zeugen, diskreditieren seinen Anspruch, in Stellvertreterschaft des 12. Imams zu regieren, noch mehr.

Chomeinis Führungsstil kann am besten durch den Begriff der Delegierung beschrieben werden. Er überlässt das alltägliche Regierungsgeschäft seinen Schülern und fungiert eher als Schiedsrichter. Als Faqih steht er laut Verfassung über allen anderen Institutionen. Der Faqih wird vom Expertenrat gewählt, der ihn auf Lebenszeit ernennt, theoretisch allerdings auch wieder absetzen kann. Den Expertenrat wählt die Bevölkerung. Jedes Gesetz, das vom Parlament verabschiedet wird, muss vom Wächterrat abgesegnet werden. Er überprüft dann, ob das Gesetz nicht im Widerspruch zur Verfassung steht, speziell mit deren islamischem Charakter. Was aber im Einklang mit dem Islam ist, wird nirgendwo geregelt. Dies erlaubte es dem Wächterrat, zu einer zweiten Kammer zu werden, die über ein Vetorecht verfügt. Der Wächterrat entwickelt sich zu einer Bastion der „Konservativen". Das führt häufig zu Blockaden. Deshalb wird 1988 ein weiteres Gremium eingeführt, der sogenannte „Schlichtungsrat" oder „Rat zur Feststellung des Interesses". Der Wächterrat hat zwölf Mitglieder, sechs werden vom Faqih, der Rest vom Parlament ernannt. Nur die vom Faqih ernannten Mitglieder befinden über die Vereinbarkeit eines Gesetzes mit dem Islam. Damit kontrolliert der Faqih den Gesetzgebungsprozess. Zuerst stehen der Exekutive ein Präsident und ein Ministerpräsident vor. Wegen der Reibereien zwischen beiden Institutionen wird 1989 das Amt des Ministerpräsidenten abgeschafft.

Die Doktrin der „Herrschaft des Obersten Rechtsgelehrten" birgt Gefahren für das System in sich: Weil der Faqih die absolute Autorität für sich beansprucht, kann ein anders denkender Großajatollah, der ebenfalls über viel Autorität verfügt, das ganze System umkrempeln. So richtet sich die Feindschaft des Regimes von Beginn an auf Ulama, die eine kritische Haltung zu dieser Doktrin vertreten. Sie sind in den Augen der Staatskleriker mindestens so gefährlich wie der äußere Feind, die USA. Zunächst droht jedoch keine Gefahr, weil die Doktrin der „Herrschaft des Obersten Rechtsgelehrten" eindeutig auf Ajatollah Chomeini zugeschnitten ist. Immerhin trägt er den Nimbus des Revolutionsführers. Doch im Falle seines Todes könnte sich eine Systemkrise anbahnen.

Am 22. Oktober 1979 reist der todkranke Schah nach einer Odyssee durch mehrere Länder in die USA ein. Was folgt, ist das Ereignis, das wesentlich zur Konsolidierung der Islamischen Republik beiträgt.

3.4 Die Geiselnahme in der US-Botschaft

„Marg bar Amrika, marg bar amrika" – Nieder mit Amerika! Mit diesen Worten fängt es an. Am 4. November des Jahres 1979 besetzen iranische Studenten die US-Botschaft in Teheran. Damit beginnt für die amerikanischen Diplomaten eine Geiselhaft, die 444 Tage währen soll. Die plötzliche Kampfansage trifft die Amerikaner unversehens. Gerade noch hat der amtierende Ministerpräsident Mehdi Bazargan der US-Regierung den Schutz ihrer Diplomaten garantiert. Niemand ahnt daher Schlimmes, als am ersten Novembersonntag Hunderttausende Studenten in die Innenstadt von Teheran marschieren. Sie wollen der Kommilitonen gedenken, haben sie angekündigt, die im Jahr zuvor bei einer Demonstration umgekommen waren. Der Zug marschiert in Richtung Roosevelt-Avenue.

Wenige Tage zuvor hat die Regierung in Washington Mohammad Reza Pahlavi erlaubt, sein Krebsleiden in den Vereinigten Staaten behandeln zu lassen. Bis dahin hat Jimmy Carter aus Rücksichtnahme auf iranische Empfindlichkeiten seinem asylsuchenden Freund, seinem einstigen Gendarmen am Golf, wie er ihn vor der Revolution immer nannte, die Einreise verweigert. Wie berechtigt Carters Sorge ist, zeigt sich in den folgenden Monaten.

Vielleicht hätten die Amerikaner schon am Morgen des 4. November Verdacht schöpfen müssen, als Ajatollah Chomeini verkündet: „Jetzt sind die Schüler und Studenten aufgerufen, auch die Studenten der Theologie sind aufgerufen, ihren Angriff mit ganzer Kraft gegen Amerika und Israel zu richten, Amerika zu zwingen, den verbrecherischen Schah auszuliefern."

Wenig später versammeln sich drei- bis vierhundert Studenten vor den Toren der US-Botschaft. Sie gelangen ungehindert auf das Gelände, dann in das Gebäude. Die Studenten bringen in kürzester Zeit rund hundert Geiseln in ihre Gewalt, darunter sechzig Amerikaner. Kaum sind sie Herren der

Lage, richten sie ein Schreiben an Ajatollah Chomeini. Sie hätten seinen „schweren Zorn" gegen die Vereinigten Staaten in die Tat umgesetzt und das amerikanische „Spionagenest," diesen „Hort der Korruption" ausgehoben. In einer weiteren Erklärung der Studenten, verbreitet über Radio Teheran, heißt es: „Wir fordern alle Völker der Welt und vor allem die freiheitsliebenden auf, dass sie die herrschende Clique Amerikas und vor allem Carter wegen der Verschwörung gegen die Revolution und das iranische Volk vor Gericht bringen. Und auch das amerikanische Volk muss Carter und die herrschende Washingtoner Clique beschimpfen, weil sie die ganze Welt mit ihrem Menschenrechtsgerede belogen haben. Unterzeichnet: Die muslimischen Studenten der Linie des Imam."

Einen direkten Befehl zur Erstürmung der Botschaft hat Chomeini zwar nicht gegeben. Aber nun stellt er sich hinter die Studenten. Und er nutzt die Geiselnahme, um eine Reihe von innenpolitischen Gegnern auszuschalten. Die Haltung zur Geiselnahme wird zum Gradmesser des revolutionären Bewusstseins – und damit hilft sie den Radikalen, ihre Alleinherrschaft zu sichern. Die Regierung des liberalen Ministerpräsidenten Mehdi Bazargan tritt schon zwei Tage nach der Geiselnahme aus Protest zurück. Doch der Revolutionsführer gibt sich weiter unversöhnlich. Radio Teheran zitiert Chomeini drei Wochen nach der Geiselnahme mit den Worten: „An erster Stelle der Angelegenheiten des Islams steht der Kampf gegen Amerika. Wenn unsere Welt heute explodiert, dann ist das zum Nutzen Amerikas. Amerika ist unser Feind und unser ganzes Streben und Können muss gegen diesen Feind gerichtet sein."

Die Affäre eskaliert. Iran droht, die Öllieferungen an die Vereinigten Staaten einzustellen und alle iranischen Währungsreserven, rund 12 Milliarden Dollar, von amerikanischen Banken abzuziehen, wenn die USA den Schah nicht ausliefern. Doch die Amerikaner wollen sich nicht erpressen lassen: Carter verhängt ein Handelsembargo und friert alle iranischen Guthaben ein. Aber immer noch gibt sich Chomeini unerbittlich. Eine Vermittlerdelegation nach der anderen reist unverrichteter Dinge wieder ab. Nach Wochen ergebnislosen Verhandelns schieben die Amerikaner den Schah schließlich nach Panama ab. Im April 1980, die Geiseln sind zu diesem Zeitpunkt schon seit fünf Monaten in Haft, erklärt Jimmy Carter, dass die Geiselnahme für Iran schwerwiegende Folgen haben werde. Er ordnet den Abbruch der diplomatischen Beziehungen an. Carter schließt die iranische Botschaft in den USA sowie die Konsulate und lässt alle iranischen Diplomaten und Konsularbeamten zur persona non grata erklären. Sie müssen die Vereinigten Staaten unverzüglich verlassen. Auch einen militärischen Befreiungsversuch startet Carter, doch die amerikanischen Helikopter erreichen nicht einmal die iranische Hauptstadt. Drei von ihnen stoßen in der Wüste Tabas zusammen, acht Amerikaner kommen dabei ums Leben. Selbst als Schah Mohammad Reza Pahlavi drei Monate später stirbt, ändert das nichts an der Lage der Geiseln, denn Teheran stellt nun neue Forderungen: Die USA sollen eine feste Zusicherung abgeben, sich nie wieder in die inneren Angelegenheiten Irans einzumischen. Außerdem soll Washington die eingefrorenen iranischen Guthaben freigeben, sowie den Besitz des verstorbenen Schahs.

Es geschieht nichts. Der erste Jahrestag der Botschaftsbesetzung wird in Teheran unter dem Beifall der Bevölkerung festlich begangen. Alle Vermittlungsversuche laufen ins Leere, niemand weiß einen Ausweg. Wahrscheinlich kostet das Unvermögen, die Geiselnahme zu beenden, Jimmy Carter sogar die Wiederwahl. Vielleicht ermöglicht aber auch erst seine Abwahl die Beilegung der Affäre. Durch algerische Vermittlung kommt ein Abkommen zwischen den USA und Iran zustande, in dem die Vereinigten Staaten einen Teil der iranischen Forderungen erfüllen. Nicht alle, aber eine ganze Reihe der iranischen Guthaben in den USA werden freigegeben. Am 21. Januar 1981, nach 444 Tagen und pünktlich zum Amtsantritt des neuen Präsidenten Ronald Reagan, lässt Iran die Geiseln frei.

Die Geiselnahme hat nicht zuletzt wichtige innenpolitische Funktionen. Sie lenkt ab von der Diskussion über die umstrittene Verfassung. Die in der Botschaft erbeuteten Geheimunterlagen werden in den nächsten Jahren zu einer mächtigen Waffe gegen innenpolitische Gegner. Außerdem erwarten nun alle einen Angriff der Amerikaner, das wiederum schweißt zusammen.

Anfang Dezember 1979 wird das Referendum über die Verfassung abgehalten. Viele ethnische Minderheiten boykottieren es. Die Tudeh-Partei unterstützt das Referendum, und die Nehzat-e Azadi legt ihren Anhängern sogar nahe, mit „Ja" zu stimmen. Die Verfassung wird mit einer Mehrheit von 99,3 Prozent aller abgegebenen Stimmen angenommen. Im Zusammenhang mit dem Referendum kommt es in Aserbaidschan – ausgelöst durch ein Täuschungsmanöver der Chomeini-Fraktion – zu Unruhen: Sie setzt das Gerücht in die Welt, dass Großajatollah Schariat Madari, der als einer der schärfsten Kritiker der Verfassung gilt, zur Beteiligung an dem Referendum aufgerufen habe. Für einen Großteil der Bevölkerung Aserbaidschans ist Schariat Madari, der aus dieser Provinz stammt, die religiöse „Quelle der Nachahmung". Als die Täuschung bekannt wird, gehen seine Anhänger auf die Straße. In Ghom wiederum greifen die Gefolgsleute Chomeinis das Haus von Schariat Madari an. Nachdem sich die Proteste in Aserbaidschan zu einer Revolte ausgeweitet haben, trifft sich Chomeini mit Schariat Madari. Schariat Madari lenkt ein und entzieht den Protesten seine Unterstützung. Sie hören trotzdem nicht auf. Erst Mitte Januar hat die Regierung die Lage völlig unter Kontrolle. Schariat Madari wird unter Hausarrest gestellt. Damit ist der gefährlichste Rivale Chomeinis ausgeschaltet.

Im Januar 1980 findet die Präsidentenwahl statt, die als frei schon deshalb nicht bezeichnet werden kann, weil einige prominente Führer politischer Gruppen, beispielsweise der Führer der Volksmudschahedin, nicht kandidieren dürfen. Als sich dann noch herausstellt, dass der Kandidat der Islamisch-Republikanischen Partei einen afghanischen Vater hat und damit eine in der Verfassung festgelegte Voraussetzung für die Präsidentschaft – nämlich die iranische Abstammung über die väterliche Linie – nicht erfüllt, steht der Sieg von Abdolhassan Banisadr von vorneherein fest. Banisadr hat keine eigene Machtbasis. Sein Amt verdankt er seiner engen persönlichen Beziehung zu Ajatollah Chomeini, sowie der Tatsache, dass die Bevölkerung lieber einen Liberalen an der Spitze des Staates sehen will als einen Islamisten. Banisadr steht für einen Mittelweg.

Von der IRP wird nicht gerne gesehen, dass ein Nicht-Geistlicher das Präsidentenamt innehat. Banisadr und die IRP geraten schnell aneinander, und diese Fehde führt schließlich zum Sturz Banisadrs. Banisadr meint fälschlicherweise, als Präsident die Politik der Islamischen Republik bestimmen zu können. In Wirklichkeit aber ist der Revolutionsrat weit mächtiger als er. Dass sich die politische Situation in der Islamischen Republik allmählich normalisiert, bedeutet nicht, dass die Parallelorganisationen aufhören zu bestehen. Sie werden vielmehr institutionalisiert. Noch immer sind daher die Machtverhältnisse nicht klar. Beispielhaft dafür ist der Umgang mit der Geiselaffäre. Banisadr will die Geiselnahme beenden, kann sich aber nicht gegen den Revolutionsrat durchsetzen. Ajatollah Chomeini erklärt, das zukünftige Parlament solle über die Freilassung der Geiseln entscheiden. Damit zeichnet sich die doppelte Schwäche des Präsidenten gegenüber Revolutionsführer und Parlament ab.

Auch in der Frage der Regierungsbildung kann sich Banisadr gegenüber dem Revolutionsrat nicht mit seinen Vorschlägen durchsetzen, und die Regierungsbildung zieht sich in die Länge. Das Problem liegt im Führungsstil Chomeinis begründet. Er lässt parallele Machtzentren zu: Auf Regierungsebene ist das schädlich und für die Beteiligten lähmend. Er vermeidet so, auf eine Politik festgelegt zu werden und behält seine „Unparteilichkeit". Allerdings gelingt es ihm trotz seiner absoluten Autorität nicht, die Politiker zur Kooperation zu bewegen. Damit ist der Revolutionsführer Teil des Problems – doch er ist unantastbar.

Auch im Bereich Bildung kommt es zu Konflikten. Während die Grund- und Mittelschulen recht einfach zu islamisieren sind, stellen die Unis mit ihrer westlichen Orientierung für die neuen Herrschenden ein größeres Problem dar. Sie appellieren daher an die islamistischen Studenten. Es kommt zu Zusammenstößen zwischen islamistischen und säkular eingestellten Studenten. Die Unruhe erfasst alle Universitäten. Im Mai verfügt der Revolutionsrat, dass die Universitäten im Herbst nicht wieder öffnen werden. Sie bleiben bis 1982/83 geschlossen. Man braucht Zeit für die Säuberung der Universität von möglichen Konterrevolutionären und für die Islamisierung des Lehrplans. Für die betroffenen Studenten wie auch für die wissenschaftliche Arbeit ist die Kulturrevolution eine Katastrophe.

Bei den im Mai stattfindenden Parlamentswahlen geht die IRP klar als Sieger hervor. Das Wahlrecht sieht ein Listen-, kein Personenwahlrecht vor und begünstigt damit starke Gruppen, am meisten die IRP, die als einzige Partei landesweit antreten kann. Zum Parlamentssprecher wird Ali Akbar Rafsandschani gewählt. Im Gegensatz zu anderen Systemen, wo dieses Amt nur symbolische Bedeutung hat, ist es in Iran sehr wichtig. Rafsandschani nutzt diese Position, um in den nächsten Jahren zu einem der wichtigsten Akteure in Iran zu werden.

Zwischen dem von der IRP dominierten Parlament und Präsident Bani-Sadr kommt es in der Frage der Regierungsbildung sofort zum Konflikt. Das Parlament beansprucht Mitsprache, Präsident Banisadr aber will ihm keine gewähren. Der Konflikt zieht sich monatelang hin. Banisadr muss einlenken. Das Parlament setzt Mohammad Ali Radschai, ein Mitglied der IRP, als Ministerpräsidenten durch. Radschai ist ein Mann der zweiten Reihe. Zwar hat er sich in der Revolution engagiert, aber er kann kein herausragendes Profil vorweisen. Damit geht der Konflikt zwischen Banisadr und IRP in die nächste Runde. Dass das zukünftige Verhältnis von Ministerpräsident und Präsident von Feindschaft bestimmt sein wird, ist abzusehen.

3.5 Krieg gegen den Irak

Am 22. September 1980 fällt die irakische Armee in Iran ein. Saddam Hussein meint, mit Iran leichtes Spiel zu haben. Die iranische Armee ist demoralisiert. Sie existiert fast nicht mehr.

Zwar ist Irak ganz eindeutig der Aggressor, aber Ajatollah Chomeini hat diese Reaktion durchaus provoziert. Irans Nachbarländer und vor allem der Irak befürchten ein Übergreifen der Revolution. Die irakische Bevölkerung besteht zu über 60 Prozent aus Schiiten, weshalb die Angst der irakischen Führung nicht ganz unbegründet ist. Die Revolution von 1978/79 pflegt eine sehr schiitische Symbolik und Bildersprache: von den Trauerritualen, die umschlagen in politische Protestkundgebungen bis hin zur Anti-Schah-Polemik, die sehr schiitisch geprägt ist. Ajatollah Chomeini, der Revolutionsführer, vergleicht den Schah mit dem Kalifen Jezid, der unter Schiiten besonders verhasst ist. Er hat Alis Sohn, Hossein, den dritten Imam der Schia, getötet. Die iranische Revolution ist laut iranischer Staatspropaganda ein Aufstand der schiitischen unterdrückten Massen gegen den angeblichen Usurpator. Möglicherweise fürchtet sich der irakische Despot davor, die Schiiten Iraks könnten diese Polemik auf ihn übertragen. Zwar stellen die Schiiten im Irak die Mehrheit, aber die Herrschaft ist in den Händen der sunnitischen Minderheit. Iran will Einfluss auf die Schiiten im Irak und wirft dem Regime Saddam Husseins vor, die Schiiten zu unterdrücken. Beispiele dafür gibt es genug: Saddam Hussein hat im Frühjahr 1980 den Schiitenführer des Irak, Imam Baqir as-Sadr, hingerichtet, einen persönlichen Freund Ajatollah Chomeinis.

Die Iraker wollen nur den Schatt el-Arab besetzen und das

ölreiche Chusistan – eine Katastrophe für Iran –, auch wenn Saddam Hussein in seiner Kriegsrhetorik immer behauptet, er werde morgen in Teheran frühstücken. Nachdem er einen Teil dieser Ziele erreicht hat, bietet Saddam Hussein Ajatollah Chomeini einen Friedensvertrag an. Saddam Hussein ist Realist: Er weiß, dass seine militärische Stärke begrenzt ist. Die Offensivkraft seiner Armee reicht nur wenige Dutzend Kilometer. Außerdem bleibt der von Irak erwartete Aufstand der Araber Chusistans aus. Und die Iraner kämpfen, verteidigen weniger die Islamische Republik, wohl aber ihren Nationalstaat gegen die Angreifer. Ironischerweise retten die enormen Waffenvorräte des Schahs nun die Machthaber, die ihn abgesetzt haben. Der Krieg zwischen den beiden Ländern wird acht Jahre dauern, Hunderttausende von Opfern fordern und zwei Volkswirtschaften fast komplett zum Erliegen bringen.

Im Krieg spielen die Pasdaran eine wichtige Rolle. Der für die Islamische Republik typische Konflikt verschiedener Institutionen wirkt sich auch auf die Kriegsführung aus. So bekämpfen die Pasdaran neben den Irakern zum Teil auch die eigene Armee. Die Pasdaran vertreten das Modell des Volkskrieges, d.h. sie setzten hoch motivierte, aber minimal ausgebildete Massen ein. Die „Profis" der Armee setzen auf Technologie und Expertise. Im Laufe des Krieges bauen die Pasdaran eine eigene Luftwaffe und eine eigene Flotte auf.

Die Pasdaran rekrutieren zusätzlich zu ihren eigenen Verbänden eine Freiwilligenmiliz, die Bassidsch. Zumeist aus ländlichen Gebieten stammend, reicht das Alter ihrer Mitglieder von zehnjährigen Jungs bis zu Greisen. Motiviert werden die Bassidsch unter anderem, indem man ihnen einen Schlüssel aus Plastik gibt, der ihnen die Tür zum Paradies öffnen soll. Als Kämpfer im Dschihad kämen sie nach dem Tod sofort ins Paradies. Die Bassidsch greifen in Menschenwellen an. Sie „räumen" Minenfelder, indem sie hindurch laufen und sich dabei selber in die Luft sprengen.

Der Konflikt zwischen Präsident Banisadr und der IRP geht auch im Krieg unvermindert weiter. Auch die Kriegsführung leidet unter der Fehde. So ist Banisadr z.B. im Februar 1981 gezwungen, eine militärische Offensive verfrüht zu starten. Sie schlägt vollkommen fehl.

Weil sie von den Wahlen ausgeschlossen werden, gehen die Volksmudschahedin in den Untergrund. Langsam bahnt sich eine Koalition zwischen ihnen und Banisadr an. Hinter Banisadr sammeln sich die Gegner der IRP. Am 5. März findet in Teheran eine Kundgebung mit 150000 Teilnehmern statt, auf der Banisadr spricht. Wie viele andere Kundgebungen wird sie von Störern und Schlägern angegriffen. Als Ordnungskräfte die Störer ergreifen und ihre Taschen durchsuchen, stellt sich heraus, dass viele Mitgliedsausweise der IRP oder mit ihr verbündeter Organisationen besitzen. Die IRP versucht, sich aus der peinlichen Affäre zu ziehen, indem sie Präsident Banisadr „Freiheitsberaubung" vorwirft und ihm mit Amtsenthebung und Gerichtsverfahren droht. In den folgenden Monaten eskaliert der Konflikt. Ajatollah Chomeini greift schließlich ein und beauftragt ein Schlichtergremium: Beide Parteien sollen sich nicht mehr öffentlich angreifen. Für die IRP ist das günstiger als für Präsident Banisadr. Er ist damit aller Macht beraubt und hält sich nicht an das Gebot. Daraufhin stellt sich Ajatollah Chomeini gegen ihn. Als das Parlament ein Amtsenthebungsverfahren gegen ihn einleitet, taucht Banisadr im Juni unter. Kurz darauf ergeht ein Haftbefehl gegen ihn.

In der Parteizentrale der IRP explodiert wenige Tage später eine Bombe. Ajatollah Beheschti und viele weitere wichtige Personen werden getötet. Die offizielle Todeszahl beläuft sich auf 71 Personen. Die Volksmudschahedin werden der Tat beschuldigt, bestreiten sie aber. Die Lage wird auch für Banisadr, der sich mit den Volksmudschahedin verbündet hat, immer prekärer. Im Juni flieht er zusammen mit dem Führer der Volksmudschahedin, Massud Radschavi, nach Paris. Dort gründen sie zusammen den „Nationalen Widerstandsrat," dem später andere Gruppen wie die Kurdische Demokratische Partei Iran beitreten. Die Volksmudschahedin dominieren den Rat von Beginn.

Das Attentat, dem in den nächsten Monaten weitere folgen, dezimiert die Führungsschicht der Fraktion um Chomeini und bringt Aktivisten wie Hodschatoleslam Ali Chamenei, die bisher eher in der zweiten Reihe stehen, in den Vordergrund. Der Terror kann jedoch die Personalressourcen der Islamischen Republik nicht erschöpfen.

Im Sommer kommt es zu einem regelrechten Krieg mit den Volksmudschahedin, die dabei eine beachtliche Stärke demonstrieren. Wie schon in den siebziger Jahren erwarten die Volksmudschahedin auch dieses Mal, mit ihren Angriffen eine Revolution auszulösen, was aber nicht gelingt. Angesichts des Kurses, den die Volksmudschahedin nach der Revolution eingeschlagen haben, ist für die Bevölkerung ein wirklicher Unterschied zwischen IRP und Volksmudschahedin nicht zu erkennen. Die Volksmudschahedin bleiben auch in nächsten Jahren noch ein entscheidender militärischer Faktor. In Paris versuchen sie, die Opposition zu bündeln. Letztlich scheitert dies aber an ihrem Führungsanspruch. Sie werden immer mehr zu einer Art Politsekte, die einen bizarren Führerkult pflegt. Als sie sich mit der irakischen Führung verbünden und im Irak sogar eine eigene Armee aufbauen, verspielen sie ihre Glaubwürdigkeit endgültig.

Nachdem auch der neue Präsident Radschai und sein Premier Bahonar einem Attentat zum Opfer fallen, wird Ali Chamenei Präsident der Islamischen Republik. Mit der Niederlage Banisadrs und der Volksmudschahedin sind bis auf die Tudeh-Partei und die Nehzat-e Azadi alle Oppositionsgruppen in den Untergrund gedrängt: Die Tudeh-Partei wird im Frühjahr 1983 zerschlagen. Ihre Führer werden gezwungen, im Fernsehen aufzutreten und ihrer Ideologie abzuschwören. Die Nehzat-e azadi wird zwar nicht formal verboten, hat aber nur wenig Möglichkeiten auf die Politik der Islamische Republik Einfluss zu nehmen.

Damit hat die Gruppe um Chomeini nach etwas mehr als zwei Jahren die völlige politische Macht inne. Politisch kann nur noch eine Rolle spielen, wer sich zur „Linie des Imams“

bekennt. Das allerdings führt nicht zur Befriedung der politischen Landschaft. Vielmehr beginnt ein Kampf zwischen den verschiedenen Flügeln im Chomeini-Lager, um die Kontrolle der staatlichen Institutionen und um die Gunst Ajatollah Chomeinis. Chomeini lässt diesen Kampf zu, er achtet nur darauf, dass kein Flügel einen anderen endgültig auszuschalten vermag. Das Parlament wird zu einem Kampfplatz. Bald wird es – abgesehen von der Türkei – die lebendigste Institution ihrer Art im Nahen Osten. Im Parlament gibt es drei Fraktionen: eine konservative, eine radikale links-islamistische und eine, die sich zwischen diesen beiden Gruppen bewegt. Der Wächterrat entpuppt sich als aktiver Gegenspieler des Parlaments. Ihn kontrollieren die Konservativen.

Problematisch ist es jedoch, die Fraktionen eindeutig zuzuordnen. Begriffe wie links, rechts, konservativ, fortschrittlich, radikal, gemäßigt verwirren in dieser Gemengelage mehr, als dass sie helfen. Mangels besserer Begriffe werden sie benutzt, müssen jedoch im iranischen Kontext anders verstanden werden. Erschwert wird die Typisierung noch dadurch, dass die Gruppierungen keine durchgängige Linie vertreten, sondern sich von Politikfeld zu Politikfeld anders verhalten, also nicht wirklich eindeutig konservative oder gemäßigte Politik betreiben. So mag ein Lager für repressive Kulturpolitik, aber eine Annäherung an die USA eintreten. Der beste Anhaltspunkt ist die Haltung zur Wirtschaft, weil die Lager hier einigermaßen konsistent und konsequent sind. Konservative sind hartnäckige Verteidiger des Privateigentums, wie es der traditionelle Islam lehrt. Sie vertreten hier die Interessen der Basaris, die dem Staat nur eine Rolle zubilligen, soweit sie ihrem wirtschaftlichem Interesse nutzt. Sie wehren sich, wo er sie einschränkt – durch Arbeiterrechte beispielswise. Die so genannten Linken hingegen befürworten eine starke Rolle des Staates in der Wirtschaft.

Im April 1982 wird ein Umsturzplan aufgedeckt, in dem Sadeq Ghotbzadeh, einer von Chomeinis Weggefährten aus Pariser Zeiten, eine führende Rolle spielt. Brisant ist die ganze

Affäre auch deshalb, weil eine Spur zu Großajatollah Schariat Madari führt. Ghotbzadeh wird hingerichtet. Das Regime erkennt Großajatollah Schariat Madari seinen Titel Mardscha ab, obschon dies eigentlich in der Schia gar nicht möglich ist. Damit stellt Schariat Madari bis zu seinem Tod im Jahre 1986 endgültig keinen politischen Faktor mehr dar.

Im Juni 1982 gelingt es der Armee, die letzten irakischen Divisionen aus dem Land zu vertreiben. Nun steht man vor der Wahl, Frieden zu schließen oder den Krieg in den Irak zu tragen. Obschon es viele Befürworter der ersten Variante gibt, entschließt sich Ajatollah Chomeini zur Fortsetzung des Krieges. Er will das säkulare Baath-Regime vernichten und dann von Bagdad aus nach Jerusalem vorstoßen, heißt es in seinen Freitagspredigten. Ausschlaggebend für die Regierung ist jedoch, dass der Irak international als Aggressor verurteilt wird. Außerdem soll der Irak Reparationen zahlen. Zu diesen Bedingungen ist Saddam Hussein wiederum nicht bereit, in einen Friedensvertrag einzuwilligen. Der Krieg geht weiter. Doch auch die Iraker verteidigen ihre Heimat – auch die Schiiten. Auf sie hatte das iranische Regime seine Hoffnungen gesetzt. Doch der von Teheran erwartete Aufstand der Schiiten bleibt aus.

Im Oktober 1986 wird der Iran-Contra-Deal aufgedeckt: Geheimkontakte zwischen den USA und der Islamischen Republik. Die USA gelten in der Rhetorik der Islamischen Republik als der Große Satan. Daher ist nicht unproblematisch, dass diese Affäre ans Licht kommt. Es geht um Waffenkäufe. Die Iraner brauchen Nachschub an amerikanischen Waffen und Ersatzteile – ihre gesamten Waffensysteme sind dem Schah von den USA geliefert worden. Israel soll das Geschäft mit den Amerikanern vermitteln. Die Israelis wiederum fordern, die Iraner sollen auf die Hizbollah einwirken, die im Libanon Amerikaner als Geiseln festhalten.

Mit den Erlösen aus den Waffenkäufen unterstützt die US-Regierung die Gegner der linken Regierung in Nicaragua, die Contras. Dies ist ein klarer Verstoß gegen geltendes amerikanisches Recht. Dass diese Kontakte zwischen Iran und den USA bestehen, ist zwar für beide Seiten überaus peinlich, aber zugleich beispielhaft für den Pragmatismus zweier Regierungen, die sich gegenseitig als Großer Satan und Schurkenstaat betiteln.

Im nächsten Konflikt stellt sich Chomeini dann hinter die Radikalen. In seinen Positionierungen lässt sich nie eine einheitliche Linie ausmachen. Anlass ist ein Streit zwischen Regierung und Wächterrat. Ajatollah Chomeini ergreift für die Regierung Partei und erklärt, dass es zulässig sei, wenn der Staat Wirtschaftsvorschriften erlässt. Wenig später steckt Präsident Chamenei in einer Freitagspredigt die Befugnisse der Regierung wieder deutlich enger. Daraufhin greift Ajatollah Chomeini ein und erlässt die sogenannte Maslehat-Derektive. Maslehat ist ein islamisches Konzept. Es besagt, dass das Interesse des Staates die wichtigste und maßgebliche Grundlage für die Gesetzgebung ist. Wenn das Interesse des Staates auf dem Spiel steht, können auch primäre islamische Regelungen außer Kraft gesetzt werden. Die Rechtsschulen der Sunniten erkennen das Prinzip an, die Zwölferschia hat es jedoch immer abgelehnt. Mit der Maslehat-Derektive betritt Ajatollah Chomeini innerhalb der Schia wieder theologisches Neuland.

Ergebnis der Maslehat-Derektive ist die Schaffung des Schlichtungsrates. Er soll nun im Falle eines Patts zwischen Wächterrat und Parlament vermitteln und entscheiden. Ajatollah Chomeini räumt dem Schlichtungsrat zuerst sogar Gesetzgebungsbefugnis ein. Nach Protesten der Parlamentarier, die um ihre Macht fürchten, schränkt er diese Befugnis jedoch wieder ein.

1988 entwickelt sich der Krieg immer mehr zugunsten Iraks. Iran ist nicht mehr in der Lage, Großoffensiven durchzuführen. Der Irak dagegen verfügt nun über neue weitreichende Raketen, mit denen er auch im Hinterland liegende iranische Städte beschießen kann. Der Krieg der Städte beginnt. Irak kann in mehreren Offensiven seine verlorenen

Gebiete zurückerobern. Die Stimmung wird immer pessimistischer. Im Persischen Golf wird ein iranisches Passagierflugzeug von einem amerikanischen Kriegsschiff abgeschossen, die Vincennes. 290 Menschen sterben. Für die Amerikaner ist dies ein bedauerlicher Unfall, Teheran jedoch wertet den Flugzeugabschuss als bewussten Einschüchterungsversuch der Amerikaner. Kurz darauf löst Rafsandschani Präsident Chamenei als Oberbefehlshaber der Truppen ab. Nun ist er verantwortlich für den Verlauf des Krieges, eine Niederlage würde seiner Stellung im System schaden. Offenbar überredet er Ajatollah Chomeini deshalb zur Annahme der UNO-Resolution 598, die einen Waffenstillstand zwischen den beiden Gegnern vorsieht und im Vorjahr verabschiedet worden war. Chomeini erklärt, dies sei zum Schutz des Staates und der Revolution geschehen, aber die Resolution zu unterzeichnen, sei für ihn nichts anderes gewesen, als einen Becher voller Gift zu trinken.

Für das Regime beginnt mit dem Waffenstillstand eine schwierige Phase. Es muss einerseits der Bevölkerung erklären, warum man nach dem angebotenen Waffenstillstand noch sechs Jahre einen Krieg geführt hat, der Hunderttausende das Leben kostete – und nun plötzlich in einen Waffenstillstand einwilligt, ohne auch nur eines der Kriegsziele erreicht zu haben. Für ein Regime, das in der Stellvertreterschaft Gottes regiert und für jeden Schritt, den es macht, Gott bemüht, ist das nicht nur besonders peinlich, sondern es stellt auch seine Legitimität in Frage. Andererseits sind die Menschen froh über das Ende des Krieges. Sie wünschen sich nichts sehnlicher als Normalität und vor allem ein Ende der herrschenden Repression. Auch sie ist mit dem Krieg, der Ausnahmesituation, begründet worden. Zudem sollen sich nun die wirtschaftlichen Versprechungen erfüllen, die bisher alle angeblich wegen des Krieges nicht realisiert werden konnten.

Das Regime machte einige Konzessionen. Musik und Schachspiel werden wieder erlaubt und auch in der Frage der

Geburtenkontrolle vollzieht sich die überfällige Wende. Mit einem Bevölkerungszuwachs von 3,17 Prozent im Jahr hat Iran eine der höchsten Geburtenraten der Welt. Das Gesundheitsministerium erklärt das persische Jahr 1368 zum „Jahr der Geburtenkontrolle".

Einen Tag nach Annahme der Waffenruhe beginnt auf Chomeinis Befehl eine Hinrichtungswelle in den Gefängnissen, die Tausende politische Gefangene das Leben kostet. Es gibt nur Schätzungen über die Zahl der Opfer. Das Regime hält die Zahlen geheim. Diesmal wird die Todesstrafe nicht für konkrete Taten, sondern für die religiöse Einstellung der Gefangenen verhängt. Über die Gründe für die Hinrichtungswelle wird spekuliert. Am plausibelsten scheint, das Chomeini eine Radikalisierung herbeiführen wollte wie damals in der Geiselkrise – und zwar unter den Regimevertretern.

In dasselbe Schema passt die Fatwa, das Rechtsgutachten, zu Salman Rushdie, den indisch-britischen Autor des Romans „Satanische Verse", die Chomeini im Februar 1989 verkündet. Wegen des angeblich blasphemischen Inhaltes des Buches kommt es zu Protesten vor allem unter den Muslimen Südasiens und Englands. Es ist kaum anzunehmen, dass Ajatollah Chomeini die „Satanischen Verse", gelesen hat. Englisch konnte er nicht, und er hat sich das Buch sicherlich auch nicht übersetzen lassen. Außerdem ist das Werk nicht anstößiger als viele vorher und nachher von Muslimen über den Islam geschriebene Bücher. Plausibler ist, dass es Chomeini gar nicht um das Buch geht, sondern dass er die Chance nutzen wollte, um die vorprogrammierten außenpolitischen Kontroversen zur innenpolitischen Radikalisierung einzusetzen. Die Islamische Republik Iran kann außerdem damit erneut eine Vorreiterrolle in der islamischen Welt spielen.

Damit sind die Fronten wieder klar. Großbritannien und die Europäische Union protestieren gegen die Fatwa. Der Vorgang belastet die Beziehungen zwischen der Europäischen Union und Iran lange Jahre, vor allem seit eine Stiftung ein Kopfgeld in Höhe von mehreren Millionen Euro auf Salman

Rushdie aussetzt und diesen Betrag seit 1989 Jahr für Jahr erhöht. Die Hinrichtungen und die Fatwa verhindern jede Entspannung. Kurz darauf, am 3.6.1989, stirbt Ajatollah-Chomeini.

4. Die zweite Phase der Islamischen Republik

4.1 Der Tod Chomeinis

„Der Schah muss weg, shah bayad beravad". Auf sehr viel mehr Gemeinsamkeit beruhte die Allianz oder die Koalition, die sich gegen den Schah bildete, nicht. Nach und nach wurden die linken, liberalen und moderat-islamistischen Gruppierungen der revolutionären Bewegung von der politischen Bühne verdrängt. Übrig blieb die Fraktion, die sich um Revolutionsführer Chomeini gescharrt hatte. Sie agierte zwar geschlossen, wenn es darum ging, den gemeinsamen Gegner auszuschalten, eine gemeinsame Linie oder Vorstellung von der Zukunft der Islamischen Republik hatte sie jedoch nicht.

Innerhalb dieser Fraktion lassen sich zum Zeitpunkt des Todes von Ajatollah Chomeini vier Untergruppen unterscheiden, die bis heute die politische Szene bestimmen: 1. Die Konservativen um den heutigen Revolutionsführer Chamenei, 2. die Technokraten um den ehemaligen Staatspräsidenten Rafsandschani, 3. die Linksislamisten, zu denen auch der amtierende Präsident Mohammad Chatami zu zählen ist, sowie schließlich diverse radikale Kleingruppen, die immer wieder mit Mordaufrufen gegen Salman Rushdie und Attacken gegen Intellektuelle Aufmerksamkeit erregen. Solange dem Staat mit Ajatollah Chomeini eine charismatische Führungspersönlichkeit vorstand, waren alle diese Fraktionen an der politischen Willensbildung beteiligt: Ajatollah Chomeini verhinderte, dass eine Fraktion völlig ausgegrenzt wurde und stellte eine Balance her. Er stand als höchste Autorität über den Fraktionen; seinem Machtwort beugte sich jeder.

Zwar bleibt nach dem Tode Chomeinis die erwartete Systemkrise aus und geht die Nachfolge reibungslos über die Bühne, die Bedingungen für die Fraktionskämpfe ändern sich jedoch grundlegend. Für die Linksislamisten wiegt der Verlust des Mediators Chomeini am schwersten. Die Konservativen und die Technokraten um Rafsandschani kontrollieren außer dem Parlament und der Regierung alle wichtigen Institutionen, allein Ajatollah Chomeini verdanken die Linksislamisten ihre Beteiligung an der Macht. Nun aber verbünden sich Konservative und Technokraten, um die Linken aus den Machtzentren auszuschließen. Der Erfolg dieser Allianz äußert sich in der Wahl Chameneis zum neuen Revolutionsführer und Rafsandschanis zum Staatspräsidenten: Chamenei ist der Wunschkandidat der Konservativen wie auch der Technokraten, die konservativen Basaris sind schon lange mit ihm verbunden. Hinzu kommt, dass beide Fraktionen einen schwachen Revolutionsführer wollen, den sie dominieren können. In dieser Konstellation wird Rafsandschani, von Iranern auch gerne „der Hai" genannt, im Jahre 1989 zum Präsidenten gewählt. Die Menschen erhoffen sich von ihm einen grundlegenden Wandel. Sie sind die ständig aufgeheizte, politisierte Stimmung im Lande müde; der Sturz des Schahs ein Jahrzehnt zuvor, die außenpolitische Isolation des Landes seit der Besetzung der US-amerikanischen Botschaft, der acht Jahre währende Krieg gegen den Irak, der Ölpreisverfall, der für einen langsamen wirtschaftlichen Niedergang Irans sorgt, der Tod von Ajatollah Chomeini – das alles hat sie erschöpft. In dieser Situation steht der Pragmatiker Rafsandschani bei der Wahl 1989 für eine politische Öffnung, Freiheit im Inneren und eine Verbesserung der miserablen wirtschaftlichen Lage.

4.2 Die Regierungszeit Rafsandschanis

Ali Akbar Haschemi Rafsandschani wird 1934 in der Provinz Kerman im Südosten des Landes geboren. Im Alter von fünfzehn geht er zum Theologiestudium nach Ghom, das damals nicht mehr nur eine Hochburg des Lehrens und Lernens ist, sondern eines der Zentren der politischen Opposition. Wie im ganzen Land herrscht auch in dieser Stadt Anfang der fünfziger Jahre eine anti-imperialistische und anti-monarchistische Stimmung, von der sich Rafsandschani mitreißen lässt. Und so befasst sich er während der sechzehn Jahre, die er in Ghom verbringt, mehr mit Politik als mit Theologie. Als Rafsandschani Schüler von Ruhollah Chomeini wird, gibt das seinem Leben endgültig die entscheidende Wende. Er wird einer seiner ergebensten Anhänger.

Als Chomeini 1979 im Triumphzug nach Iran zurückkehrt, gehört Rafsandschani sofort zu den führenden Persönlichkeiten in seiner Umgebung. Nach dem endgültigen Sturz des Schah, genau vierzehn Tage später, wird er Mitglied im Revolutionsrat, dem wichtigsten politischen Organ der ersten Jahre nach dem Umsturz. Die Bombenanschläge des Jahres 1980, denen viele führende Politiker zum Opfer fallen, lassen ihn weiter in den Vordergrund treten. Rafsandschani wird Parlamentspräsident und Freitagsprediger von Teheran – in einer Islamischen Republik eine sehr wichtige politische Funktion. Das gibt ihm die Möglichkeit, die Bevölkerung direkt zu erreichen. Wohl nur einem Mann von seinen rhetorischen Fähigkeiten ist es möglich, fast täglich unvereinbare Gegensätze zu vertreten.

1989, im Todesjahr Chomeinis, gilt Rafsandschani als einer der mächtigsten Männer der Islamischen Republik. Damit er aber nach dem Ableben des Revolutionsführers auch tatsächlich der mächtigste Mann im Land wird, bringt Rafsandschani den greisen Chomeini noch dazu, die Verfassung ändern zu lassen: Das Amt des Ministerpräsidenten wird gestrichen und seine Befugnisse dem Staatspräsidenten übertragen. Nur unter dieser Bedingung ist Rafsandschani bereit, sich als Kandidat für die Präsidentschaftswahl aufstellen zu lassen. Nach seiner Wahl zum Staatspräsidenten wird Ali Akbar Rafsandschani in den Straßen Teherans fortan Akbar Schah – Kaiser Akbar – genannt.

Rafsandschani weiß, dass die Islamische Republik ihre Politik ändern muss, wenn sie überleben will. Er muss zwischen dem ideologischen Erbe, den politischen und vor allem ökonomischen Sachzwängen lavieren und setzt sich für den wirtschaftlichen Fortschritt ein. Staatseigene Unternehmen sollen privatisiert und Preiskontrollen aufgehoben werden. Er setzt auf Industrialisierung statt auf Handel. Gegenüber einer Liberalisierung der Wirtschaft soll auch die Durchsetzung des revolutionären Gedankengutes in den Hintergrund treten. Mit beidem macht er sich den Bazar und damit die Radikalen zum Feind. Im politischen Diskurs der Islamischen Republik jedoch schlägt Rafsandschani mit solchen Reden neue Töne an. Im Gegensatz zu den Radikalen des Landes zieht er nicht gegen Satellitenschüsseln und Videorekorder zu Felde. Auch nimmt er einen vergleichsweise liberalen Standpunkt ein, wenn es um die Frage geht, wie streng die Kleiderordnung für Frauen zu handhaben ist oder wo die Meinungsfreiheit aufhört. Allerdings sind ihm solche Freiheiten nicht wirklich wichtig; er ist bereit, sie zu opfern, wenn es ihm opportun erscheint. So findet er zwar gelegentlich mutige Worte, doch in der Regel bemüht er sich nicht sonderlich, seinen Worten auch Taten folgen zu lassen. Stattdessen ist charakteristisch für ihn, seine Meinung sofort zu verwerfen, wenn sie zu sehr in die Kritik gerät. Wahrscheinlich befiehlt er auch das Attentat an kurdischen Oppositionellen im Berliner Mykonos Restaurant oder den Mord an dem ehemaligen Präsidenten Schahpur Bachtiar im Jahre 1991 nicht selber. Doch sicher hat man ihn vor den Attentaten informiert, und er hat nichts unternommen, sie zu verhindern: Der Opportunist Rafsandschani hat den Radikalen wohl einfach nachgegeben. Rafsandschani macht seinen konservativen Gegnern immer weitere

Zugeständnisse, um ihre Unterstützung für seine Wirtschaftsprogramme zu bekommen.

Politischen Instinkt beweist er allerdings bei der Beendigung des iranisch-irakischen Krieges. Mit dem US-amerikanischen Flottenengagement im Persischen Golf hat Iran keine Chance mehr, den Krieg zu gewinnen. Rafsandschani gehört zu den ersten Politikern, denen das klar wird. Er selber ist zwar 1982 einer der Politiker, die sich für eine Fortsetzung des Krieges aussprechen. Doch in einer bemerkenswerten Abkehr von seiner eigenen früheren Krieg-bis-zum-Sieg-Rhetorik überzeugt Rafsandschani nun Revolutionsführer Chomeini davon, das Unvermeidliche zu akzeptieren und in den Waffenstillstand einzuwilligen.

Wendigkeit wird über die Jahre zum Markenzeichen Rafsandschanis. Auch in der Rushdie-Affäre beweist er ausgeprägten Machtinstinkt und Prinzipienlosigkeit: Mit seiner Morddrohung gegen den britischen Autor untergräbt Chomeini Rafsandschanis Politik der vorsichtigen Öffnung in Richtung Westen. Doch nachdem Chomeini seinen sorgsam eingeleiteten Kurs blockiert und damit seine gesamte außenpolitische Strategie zerstört hat, schließt sich Rafsandschani nach kurzem Zögern der Verdammung Rushdies an. So schlägt er sich immer auf die Seite der Radikalen, wenn es ihm zweckmäßig erscheint, neigt aber in seinem Denken zweifellos den Gemäßigten zu.

Seine Wirtschaftspolitik, für die er den Radikalen so viele Zugeständnisse macht, scheitert. Zwar werden Schritte in Richtung einer wirtschaftlichen Liberalisierung unternommen. Dazu gehören die Bemühungen zur Vereinheitlichung des Wechselkurses und die Rücknahme von Subventionen. Diese Maßnahmen stoßen allerdings auf erheblichen Widerstand unterschiedlicher politischer und wirtschaftlicher Kräfte. Die gigantischen Investitionen erweisen sich in der Regel als Fehlschläge und versinken im Sumpf von Korruption und fachlicher Inkompetenz. Wirtschaftliche Faktoren wie ein relativ hoher Schuldendienst, die Entwicklung des

Erdölpreises sowie der Rückgang von Investitionen und Kapitalbildung kommen hinzu. Kontinuierlich verliert der iranische Rial gegenüber den ausländischen Währungen an Wert. Die Preise steigen, wovon insbesondere die unteren Schichten der Bevölkerung betroffen sind. Ab Mitte 1991 kommt es immer wieder zu Brotunruhen. Die Proteste, die meist von den Mostazafin, den so genannten Entrechteten, ausgehen – der zentralen Klientel der Revolution, in ihrem Namen wurde die Revolution gemacht – werden vom Militär brutal unterdrückt. Erst als Rafsandschani im Sommer 1992 ein härteres Durchgreifen ankündigt, und das Parlament den Subventionsabbau aussetzt, schwellen die Proteste ab und kommen im September zu einem vorläufigen Ende.

Die Unruhen stürzten die Staatsklasse in eine tiefe politische Krise und entfremden Chamenei und Rafsandschani voneinander. Chamenei drängt auf verlangsamte Reformen und beendet seine Allianz mit Rafsandschani. So nutzt er die Brotunruhen geschickt, um aus dem Schatten des charismatischen Rafsandschani herauszutreten und durch die Kritik an Rafsandschani an Profil zu gewinnen. In Predigten und Briefen macht er dessen Reformprogramm für die Krise des Landes, für Inflation, Verschuldung, und Arbeitslosigkeit verantwortlich. Somit fällt auch Rafsandschanis persönliche Bilanz seiner Regierungszeit negativ aus. Sie ist vor allem davon gekennzeichnet, dass die politische Macht immer mehr an den religiösen Führer Chamenei übergeht. Offensichtlich hatte sich der große Taktierer Rafsandschani verrechnet, wie Chamenei das Amt des Revolutionsführers füllen würde. Er ahnte nicht, mit wem Chamenei Allianzen eingehen würde, um an der Macht zu bleiben.

Als im August 1997 die zweite Amtszeit Rafsandschanis zu Ende geht, hat das Land mehr Auslandsschulden als je zuvor und keiner der ehrgeizigen Fünfjahrespläne hat zu einem Erfolg geführt. Beobachter hatten zwar noch spekuliert, ob Rafsandschani die Verfassung ändern lassen würde, um für eine dritte Amtszeit zu kandidieren. Doch Rafsandschani unternimmt keinen solchen Versuch. Vermutlich war seine Macht dazu nicht mehr groß genug. Rafsandschani übernimmt den Vorsitz des Schlichtungsrates, den er in den folgenden Jahren zu seiner neuen Machtbasis ausbauen wird.

4.3 Zeit für Reformen?

Dass mit Mohammad Chatami überhaupt jemand Präsident werden kann, der grundsätzlich zum Lager der Linksislamisten gezählt wird – auch wenn es große ideelle Unterschiede zwischen ihm und seinen Fraktionsgenossen gibt –, hängt mit den Allianzen und Konflikten innerhalb der drei wichtigen Fraktionen zu zusammen, die die politische Bühne Irans bestimmen: Im Vorfeld der Parlamentswahlen des Jahres 1992 gelingt es den Konservativen und Technokraten, die Linksislamisten in die außerparlamentarische Opposition zu drängen, indem sie deren Kandidaten durch den konservativ dominierten Wächterrat von der Wahl ausschließen lassen. Schon im gleichen Jahr aber zeichnet sich ab, dass die Technokraten wegen ihrer Wirtschaftspolitik beständig an Einfluss verlieren. Von den Konservativen an die Wand gedrückt, suchen die Anhänger Rafsandschanis neue Bündnispartner und finden sie: In den Linksislamisten, in derjenigen Fraktion also, die sie selber zuvor heftigst bekämpft und praktisch ausgeschaltet hatten. Viel mehr als der Wille, an der Macht bleiben zu wollen, verbindet die beiden Fraktionen wohl nicht, gemeinsam kämpfend sind sie aber schon bei der Parlamentswahl im Jahr 1996 relativ erfolgreich. Sie gewinnen rund 40 Prozent der Abgeordnetensitze. Hier unterläuft den Konservativen ein entscheidender Fehler: Sie begreifen das Wahlergebnis nicht als Denkzettel und nähern sich nicht dem Lager der Technokraten an, das ihnen deutliche Avancen macht. Mit ihnen hätten sie sich auf einen gemeinsamen Präsidentschaftskandidaten einigen können. Die Konservativen aber zeigen sich wild entschlossen, ihren Kopf durchzusetzen, nämlich ihre Gallionsfigur, den Parlamentspräsidenten Ali Akbar Nateq Nuri. Genau diese Überheblichkeit gerät ihnen zum Stolperstein. Denn nach langem Zögern und vielen vergeblichen Anläufen, einen aussichtsreichen Gegenkandidaten zum gefürchteten Nateq Nuri zu benennen, gelingt den Technokraten und Linksislamisten der entscheidende Coup. Sie überreden Sejjed Mohammad Chatami zur Kandidatur – einen Mann, den nur noch die wenigsten mit der herrschenden und weitgehend diskreditierten Herrscherkaste assoziieren. Im Jahre 1992 war er wegen der fortschreitenden Einschränkung der Meinungsfreiheit als Kulturminister zurückgetreten. In aller Abgeschiedenheit wirkt er von nun an als Leiter der Iranischen Nationalbibliothek.

Über Chatami erzählt man sich eine interessante Anekdote. Im Bekanntenkreis soll er gefragt worden sein, wie groß Iran sei. Er habe darauf geantwortet, so und so viel Kubikkilometer. Kubikkilometer? hätten ihn die Anwesenden erstaunt gefragt, die Größe eines Landes gibt man doch nicht im Volumen an. Doch, habe Chatami gesagt, in Iran schon. Hier haben die Geistlichen so viel Mist gebaut, dass man das Land im Volumen vermessen muss. Zwar muss der Wahrheitsgehalt solcher Geschichten angezweifelt werden, aber wenn sie kursieren, ist das symptomatisch.

Chatami war unzufrieden mit diesem Staat. Aber als er damals die iranische Nationalbibliothek leitete, hatte er nicht im Entferntesten vor, daran als Politiker jemals wieder etwas ändern zu wollen. Er war zufrieden damit, die jüngere Generation zu prägen. Er hielt Vorlesungen über die religiösen Reformbewegungen in der islamischen Welt. Seine Studenten schildern ihn als einen umsichtigen, offenen Lehrer.

Das Kalkül geht auf: Gerade weil ihn niemand kennt, wird Mohammad Chatami gewählt. Von all den Unzufriedenen und denen, die eigentlich gar nicht zur Wahl gegangen wären. Aber auch mit seinen Wahlkampfthemen gewinnt er die Menschen für sich. Er spricht von Rechtstaatlichkeit, von Zivilgesellschaft, Frauenrechten, von Meinungsfreiheit. Am

23. Mai 1997 stimmt eine überwältigende Mehrheit von 70 Prozent für ihn – und zwar gegen den erklärten Willen des konservativen Establishments.

Mohammad Chatamis Wahlsieg war eine umfassende Diskussion innerhalb der religiösen Elite über eine Reform der Islamischen Republik Iran vorangegangen. Religiöse Intellektuelle wendeten sich gegen die herrschende restriktive Deutung des Islams. Begonnen hatte diese Debatte mit dem Ende des iranisch-irakischen Krieges im Jahre 1988 und vor allem mit dem Tod von Revolutionsführer Chomeini im darauffolgenden Jahr.

Anfang der neunziger Jahre führen dort Intellektuelle Debatten über die Vereinbarkeit von Islam und Demokratie, über Frauenrechte, über Menschenrechte. Sie nennen sich selber „religiöse Aufklärer" und fordern demokratische Reformen, argumentieren aber religiös und wenden sich gegen den herrschenden Islam. Ihre eigenen liberalen Ansichten beruhen auf einer neuen Interpretation der koranischen Bestimmungen. Sie verstehen sich nicht nur als Autoren oder als einfache Herausgeber, sondern als Menschen, die an einem gemeinsamen Projekt arbeiten: dem Projekt, Islam und Moderne zu versöhnen. Die Beiträge, die in der Zeitschrift Kiyan erscheinen, sind Monat für Monat heftig umstritten.

Wichtigster Kiyan-Autor ist Abdolkarim Sorusch. Sorusch fordert eine Entideologisierung der Religion. Denn in Iran sei die Religion zu einer Ideologie verkommen. Zwar sieht Sorusch diese ideologisierte Religion heute negativ, in den siebziger Jahren jedoch hielten iranische Intellektuelle sie für die Lösung aller Probleme. Dem Schlagwort „Ideologisierung der Religion" hat Ali Schariati seine heutige Bedeutung gegeben. Er meinte, dass der Islam auf alles eine Antwort habe. Der Islam sei nicht einfach nur eine Religion, sondern ein politisches Programm und ein Gesellschaftsmodell – eine Ideologie eben.

In den sechziger und siebziger Jahren wurde in Iran sehr viel über eine islamische Ideologie geschrieben und diskutiert. Auslöser dafür waren sicherlich die Ideen des ägyptischen Intellektuellen Sayyid Qutb. Sein Buch „Wegmarken" aus dem Jahre 1965 wurde kurz nach seinem Erscheinen ins Persische übersetzt. Qutb verstand den Islam als ein System, das mit den beiden anderen Systemen, die damals die Welt beherrschten, mit dem Kapitalismus und dem Kommunismus, konkurrieren kann.

Durch Schariati wurde der Begriff weitläufig in Iran bekannt, und er erweiterte seinen Inhalt. Für Schariati besteht die Religion im wesentlichen aus zwei Aspekten: Aus Gerechtigkeit *(edalat)* und Rechtleitung *(hedayat)*. Mit *hedayat* ist der Kontakt zwischen dem Menschen und seinem Gott gemeint, die rein persönliche Beziehung zwischen dem Gläubigen und seinem Schöpfer. Hinzu kommt für Schariati eine weitere Dimension: Die Gerechtigkeit, d. h. die gesellschaftliche Dimension. Sein Programm bezeichnet er als „System des Monotheismus" und versteht darunter ein System von Werten. Der Prophet Mohammad habe nicht nur eine religiöse Gemeinschaft etablieren wollen, sondern eine Gemeinschaft, in der soziale Gerechtigkeit herrscht.

Sorusch will zwar heute die Religion entideologisieren. Aber er bestreitet nicht, dass die Ideologisierung der Religion für die Revolution durchaus notwendig war. Schariati habe dem Islam zu neuem Tatendrang verholfen. Aber grundsätzlich habe Schariati die Religion überschätzt. Sorusch ist geprägt von der Erfahrung mit einer religiösen Ideologie. Und aus ihr schließt er, dass man Religionen nicht ideologisieren sollte. Eine Religion sei mehr, voller, reichhaltiger als eine Ideologie. Wenn man die Religion ideologisiere, reduziere man sie zwangsläufig und lege sie auf eine einzige Lesart fest.

Dass Religionen keine Ideologien sein sollten, hat für Sorusch verschiedene Gründe: Der Koran sei ein tiefschürfendes Buch und habe viele Bedeutungen. Eine Ideologie aber sei das genaue Gegenteil davon, sie sei simpel. „Deshalb ist die Religion nicht als Ideologie herabgesandt worden." Außerdem ist Religion für ihn ein Geheimnis, etwas, das im positiven Sinne

Verwunderung auslöst. Sie sei nicht so genau, wie für eine Ideologie erforderlich. Alle unterschiedlichen Deutungsweisen würden auf eine festgelegt, wenn man den Islam ideologisiere: „So als würde man ein Gedicht in Prosa übersetzen." Darüber hinaus sei eine Ideologie ein Gewand für eine bestimmte Gesellschaft, eine Medizin für einen bestimmten Kranken. Ihre Gültigkeit ist dadurch automatisch zeitlich begrenzt. Religionen hingegen seien ewig.

Eine ideologisierte Religion präsentiert für Sorusch nur das negative Antlitz der Religion. Denn zu den Übeln jeder ideologisierten Gesellschaft zählt er, dass sie auf Hass aufbaut. Die Anhänger der Ideologie hassen unweigerlich alle Andersdenkenden. Außerdem ertragen ideologisierte Gesellschaften keine Pluralität der Meinungen und haben stattdessen auf jede Frage eine festgelegte Antwort. Sie haben einen Ausschließlichkeitsanspruch. In der Religion seien hingegen immer verschiedene Meinungen und Auslegungen nebeneinander zulässig. Eine weitere Schattenseite der ideologisierten Gesellschaft ist für Sorusch ihr Anspruch auf Vollkommenheit. Deshalb dulde sie nichts und niemanden neben sich – vor allem nicht den Verstand. „Der Ideologie Tor und Tür zu öffnen, bedeutet, dem Denken einen Riegel vorzuschieben."

Außerdem seien Ideologien nicht reformierbar, weil sie einen zu engen Rahmen vorgeben. Sorusch zitiert in diesem Zusammenhang Karl Marx: Marx habe richtig erkannt, dass der einzige Weg, den Kapitalismus zu reformieren, dessen Abschaffung sei. Diese Worte kann man nach Ansicht von Sorusch auf alle Ideologien anwenden. Auch deshalb sei eine Religion nicht ideologisierbar: Die Weiterentwicklung gehöre zu ihrem Wesen. Zur Ideologie werde eine Religion hingegen, sobald eine einzige Religionsinterpretation zur offiziellen Auslegung erklärt, und diese von einer bestimmten Schicht als einzig wahre Lesart vertreten werde.

Die Kiyan-Autoren wenden sich an die gebildete Mittelschicht, die ein Interesse für die Religion hegt, aber auch an die Studenten der theologischen Hochschulen, der houze-ye elmiyye. Zwar sind die theologischen Hochschulen eigentlich im humboldtschen Sinn nur Stätten der Lehre und des Lernens. Ganz unzutreffend ist allerdings auch die Bezeichnung Kaderschmiede nicht, denn eine theologische Hochschule muss heutzutage besucht haben, wer in die höchsten Ämter der Islamischen Republik aufsteigen will. Sechs der zwölf Mitglieder des Wächterrats beispielsweise müssen Juristen des islamischen Rechts sein, also in einer houze-ye elmiyye studiert haben. Oder der Expertenrat: Nur wer über den Abschluss einer theologischen Hochschule verfügt, darf hier über den neuen Revolutionsführer mitentscheiden. Auch der Revolutionsführer muss ein Rechtsgelehrter sein. Für das Amt des Präsidenten gilt das gleiche. Seit Abdolhassan Banisadr haben nur Mullahs diese Position innegehabt, obschon die Verfassung dies nicht vorsieht.

Doch in den vergangenen Jahren hat sich etwas verändert: Heute wird in den theologischen Hochschulen der substanziellste Widerspruch zur Islamischen Republik formuliert. Viele Mullahs sind heute der Auffassung, die Religion solle sich nicht in die Politik mischen; sie werde dadurch nur beschmutzt. Schon zu Beginn der Islamischen Republik hatte sich innerhalb der Geistlichkeit Widerstand gegen die neue Herrschaftstheorie, gemäß der nur der Klerus regieren darf, geregt. Ähnliche Kritik wird nun von jungen Mullahs geübt. Max Planck sagte einst, eine neue wissenschaftliche Wahrheit setze sich nicht durch, indem ihre Gegner überzeugt werden: Aussterben müssen sie. So denken immer mehr Mullahs heute auch in Iran. Und deshalb gehen der Theokratie langsam die Theologen aus.

Mit dem Amtsantritt von Mohammad Chatami finden die Diskussionen über Menschenrechte, Zivilgesellschaft und Demokratie ihren Weg in eine breite Öffentlichkeit. Ein Grund dafür ist, dass die Regierung Chatami Zeitungslizenzen an kritische Intellektuelle vergibt, an Personen, die bei den Konservativen auf der schwarzen Liste stehen. Die Konservativen versuchen zwar, diese Kritik zu unterbinden. Sie verbieten die Publikationen, verhaften Journalisten und Dissidenten, und auch vor Anschlägen schrecken sie nicht zurück. Da sie die Justiz kontrollieren, können sie missliebige Intellektuelle einfach wegsperren. Allerdings lassen sich die Kritiker nur schwer einschüchtern. Wessen Zeitung verboten wird, besorgt sich unter anderem Namen eine neue Lizenz – sie wird gerne vergeben, denn das Kulturministerium untersteht einem Mitstreiter des Reformers Chatami. Zwar bezeichnet die Organisation „Reporter ohne Grenzen" Iran bis heute als das größte Journalistengefängnis der Welt. Dennoch ist die Presselandschaft bis zum Jahre 2000 sehr lebendig. In leicht zugänglichen und weit verbreiteten Presseorganen, in Tageszeitungen, Zeitschriften, Wochenzeitungen, werden Debatten geführt, die an die Grundlagen der Islamischen Republik rühren: die Herrschaftsdoktrin der Islamischen Republik Iran, das Kopftuch und das Verhältnis zum Westen und zu den Vereinigten Staaten.

4.4 Der große Satan: das Verhältnis zwischen den USA und Iran

Seit der Geiselaffäre der Jahre 1980/81 ist das amerikanisch-iranische Verhältnis zermürbt. In den letzten Jahren aber liebäugeln sowohl die iranischen Konservativen – zumindest die Pragmatiker unter ihnen – als auch die Reformer mit einer Annäherung. Beide Fraktionen haben erkannt, dass Iran es sich nicht mehr länger leisten kann, sich mit der einzig verblieben Weltmacht zu befehden. Der amerikanische Boykott kommt die iranische Wirtschaft teuer zu stehen. Gerade nach dem elften September schien eine Annäherung denkbar: Zum ersten Mal nach über zwanzig Jahren erklingt beim Freitagsgebet nicht der Ruf „Marg bar amrika" – Nieder mit Amerika. Auch von den Konservativen werden die Anschläge verurteilt. In der iranischen Presse wird daraufhin in nie da gewesener Deutlichkeit die Wiederaufnahme der Beziehungen gefordert, und Teheran bietet Washington Hilfe beim Kampf gegen die Taliban an. Iran verfügt über gute Kontakte zur Nordallianz, die die Taliban in Afghanistan bekämpfen.

Schwierig wird es erst, als die Amerikaner wollen, dass Iran der Koalition gegen den Terrorismus beitritt. Die beiden Staaten sind sich nicht einig in der Definition von Terrorismus. Iran unterstützt die libanesische Hizbollah finanziell und ideologisch. Außerdem sieht Iran – anders als die Vereinigten Staaten – den Kampf der Hamas gegen die Israelis nicht als Terrorismus an, sondern als legitimen Widerstand.

Als Besorgnis erregend sehen das offizielle Teheran wie auch Teile der Bevölkerung, dass die Bush-Regierung Iran neben dem Irak auf der Achse des Bösen platziert – und dann den Irak angreift. Das iranische Regime fürchtet, als nächstes an der Reihe zu sein. Könnte der von außen herbeigeführte Regimewechsel in Bagdad nicht zu einem Präzedenzfall für die gesamte Region werden? Die Sorge, die USA könnten es zu ihrer Politik machen, jedes missliebige Regime einfach zu entfernen, sitzt tief und wird von den Kommentatoren nicht nur in Iran, sondern beispielsweise auch in Ägypten formuliert. Zwar ist es nach dem Fiasko, das die Amerikaner im Irak erleben, äußerst unwahrscheinlich, dass sie sich ein weiteres militärisches Abenteuer leisten. Andererseits erfüllt Iran die Kriterien für einen Schurkenstaat weit mehr als der Irak: der Griff nach der Atombombe, die Unterstützung der Hamas und der Hizbollah und die offene Agitation gegen Israel. Israel jedenfalls fühlt sich bedroht durch die Islamische Republik Iran – vor allem die Entwicklung der Shahab-3 Rakete im Jahre 2002 hat große Besorgnis ausgelöst. Diese Rakete kann Israel erreichen und ergibt militärisch nur Sinn, wenn sie atomar bestückt wird, denn sonst unterscheidet sie sich in nichts von der Shahab-2. Israelis wie Amerikaner glauben den Iranern nicht, dass ihr Atomprogramm nur friedlichen Zielen diene. Sie meinen, Iran würde die Wiener Atomwaffenkontrollbehörde geschickt hinters Licht führen und nur zugeben, was sich ohnehin nicht verbergen ließe. Und tatsächlich ist es bereits seit den siebziger Jahren erklärtes Ziel der Iraner, eine Atombombe zu bauen.

Viele Politiker argumentieren, man sei von Ländern umgeben, die über Atomwaffen verfügten und wolle endlich Mitglied im Club werden. Der israelische Verteidigungsminister Shaul Mofaz hat daher gedroht, die iranischen Nuklearanlagen anzugreifen. Und Ministerpräsident Ariel Sharon sagte es dann im November 2002 ganz deutlich: Nach dem Irak müsse Iran als Sicherheitsrisiko beseitigt werden.

Es ist durchaus möglich, dass sich die Amerikaner der israelischen Sicht auf den Nahen Osten anschließen oder bereits angeschlossen haben. Damit scheint auch der Griff nach Iran nicht völlig abwegig. Das muss allerdings nicht notwendigerweise durch eine Intervention geschehen: denkbar ist auch eine Verstärkung des ökonomischen und politischen Drucks, indem die USA beispielsweise die iranischen Oppositionsgruppen im Exil und auch in Iran selbst ermutigen und unterstützen. Der US-Kongress hat schon vor Jahren ein Budget zum Sturz der iranischen Regierung verabschiedet und vor wenigen Monaten richtete das Außenministerium eine iranische Internet-Seite ein, auf der es in aller Deutlichkeit dazu auffordert, das iranische Regime zu stürzen. Und auch als im Sommer 2003 Tausende von Studenten gegen die iranische Regierung demonstrierten, konnten sie der Unterstützung der Amerikaner sicher sein. In ihren persischsprachigen Programmen gaben amerikanische Radio- und Fernsehsender den Demonstranten Tipps, wann und wo sie sich versammeln und welche Route sie wählen sollen, um der Anti-Aufruhr-Polizei, die gegen die Demonstranten eingesetzt worden war, nicht in die Hände zu fallen.

Außerdem üben die USA Druck auf Iran aus, indem sie Stellung zu den innenpolitischen Entwicklungen nehmen. Ein Beispiel war das Todesurteil gegen den Universitätsprofessor Haschem Aghadschari vom November 2002. Er war der Abtrünnigkeit vom Glauben beschuldigt worden, weil er gesagt hatte, die Menschen sollten den religiösen Führern nicht wie Affen nachfolgen. Deutschland beispielsweise bezog keine Position zu dem Urteil. Berlin meinte, das Urteil sei Ausdruck des Machtkampfes zwischen Reformern und Konservativen, und um die Reformer nicht zu schwächen, mische man sich nicht ein. Washington hingegen kritisierte das Urteil in der allerschärfsten Form und erklärte, die Herrschenden sollten endlich den Wünschen ihrer Bürger Gehör schenken. Eindeutig signalisierten die USA damit den Studenten, die gegen das Urteil protestierten und für weitreichende Veränderungen des politischen Systems demonstrierten, ihre Unterstützung.

Die USA setzen auf die iranische Bevölkerung. Sie soll das Regime stürzen. Donald Rumsfeld sagte im November 2002, dass es gar nicht nötig sei, in Iran militärisch zu intervenieren. Das iranische Regime würde ohnehin bald von seinem eigenen Volk gestürzt oder aber wegen interner Probleme kollabieren. Zwar widerspricht Rumsfelds eigener Geheimdienst dieser Ansicht, denn die CIA hält das iranische Regime für stabil. Aber die wirkliche Gefahr für den Bestand der Islamischen Republik geht tatsächlich vom eigenen Volk aus. Zwar steht keine weitere Revolution an, aber die Unzufriedenheit der Bevölkerung ist groß. Sogar bei einer Umfrage, die das iranische Innenministerium durchgeführt hat, eine staatliche Institution, erklärten 90 Prozent der Befragten, sie seien mit ihrem Staat unzufrieden.

4.5 25 Jahre Islamische Revolution: eine Bilanz

Der Theokratie gehen nicht nur langsam die Theologen aus, dem System ist schon lange die Gesellschaft abhanden gekommen. Ebenso wenig kann Zweifel darüber bestehen, dass die Bevölkerung die Hoffnung auf Reformen von innen verloren hat. Die Reformpolitiker kommen einfach nicht an gegen das Bollwerk, das die Konservativen gegen sie aufgebaut haben. Dies dürfte auch die Parlamentswahl vom Februar 2004 gezeigt haben: Sie sollte den Triumph des Islamischen Systems markieren. Im 25. Jahr der Islamischen Revolution soll diese Parlamentswahl der Welt beweisen, dass Iran eine islamische Demokratie ist. So hatte es jedenfalls Staatspräsident Mohammad Chatami einige Monate zuvor formuliert. Dass es anders kommen würde, dürfte Chatami klar gewesen sein.

Der von den Konservativen dominierte Wächterrat verweigert Hunderten Bewerbern die Kandidatur – unter ihnen achtzig derzeitige Mitglieder des Parlaments und sogar die Enkelin von Staatsgründer Ajatollah Chomeini, Zahra Eschraghi. Wie allen anderen wird auch ihr vorgeworfen, nicht an die islamischen Grundlagen des iranischen Staates zu glauben und eine Trennung von Staat und Religion zu befürworten. Die Parlamentarier, denen eine erneute Kandidatur verweigert wird, treten daraufhin in einen Sitzstreik – und als dieser erfolglos bleibt, treten einige von ihnen zurück.

Auch ein Teil der Reformer will, dass die Wahl ein Zeichen setzt: Sie rufen zum Wahlboykott auf, hoffen dass die Wahl bzw. Nicht-Wahl einem Referendum über die Islamische Republik gleichkommt. Zwar erfüllt sich die Hoffnung der Reformer nicht – zu viele Menschen gehen wählen, aber andererseits verzeichnet die Islamische Republik mit einer Wahlbeteiligung von offiziell 25 Prozent die niedrigste Teilnahme seit ihrer Gründung. Gerade im Jubiläumsjahr ist dies mehr als peinlich. Hinzu kommt, dass die Reformer den Vorwurf der Wahlfälschung erheben und viele Menschen wählen müssen, weil sie ohne entsprechenden Nachweis keinen Studien- oder Arbeitsplatz bei einer staatlichen Behörde bekommen.

Sicherlich zeigt die niedrige Wahlbeteiligung aber, dass die Bevölkerung frustriert und desillusioniert ist. Sie hat die Hoffnung verloren, durch Wahlen Einfluss auf die Politik nehmen zu können. Schon vor dem Ausschluss der Kandidaten war – wegen dieser Haltung der Bevölkerung – abzusehen, dass die Konservativen die Wahl gewinnen würden. Nur sie würden ihre Wähler mobilisieren können: Alle anderen würden einfach zu Hause bleiben.

Dass das System an Ansehen und Legitimität verliert, je weniger Menschen zu den Wahlen gehen und je mehr Kandidaten ausgeschlossen werden, scheint die Konservativen indes wenig zu scheren. Einige verweisen ungerührt darauf, dass George W. Bush auch nur von rund 30 Prozent der Bevölkerung gewählt wurde, und der einflussreiche Teheraner Freitagsprediger Ajatollah Mesbah Jazdi befindet, das Volk sei ohnedies zu dumm zum Wählen.

Dass die Bevölkerung im Jahre 1997 Mohammad Chatami zum Präsidenten wählte und nicht den Kandidaten, den sie ihr nahegelegt hatten, war ein großer Schock für die Konservativen. Bis dahin meinten sie, es mit einem Wahlvolk zu tun zu haben, das uneingeschränkt den Anweisungen ihrer religiösen Führer gehorcht. Spätestens am 23. Mai 1997 und nach den Parlamentswahlen vom Jahre 2000, als die Reformer einen überwältigenden Sieg davontrugen, haben sie gemerkt, dass sie und ihr System keinen Rückhalt mehr in der Bevölkerung haben. Den Menschen, eine echte Wahlalternative zu geben, können sich die Konservativen daher gar nicht mehr leisten.

Vielen aber hat dieses Vorgehen des Wächterrates endgültig bewiesen, dass die Islamische Republik von innen nicht reformierbar, dass innerhalb der Verfassung eine Entwicklung in Richtung Demokratie zum Scheitern verurteilt ist. Dies war die Hoffnung, die in die Amtsübernahme Mohammad Chatamis im Jahre 1997 gesetzt worden war. Doch schon damals hatten Skeptiker auf die Besonderheiten des iranischen Systems verwiesen. Und in der Tat liegt in diesen Besonderheiten begründet, warum der politische Reformprozess keinen Erfolg hatte: Zwar kennt die Islamische Republik Elemente einer republikanischen Demokratie. Es gibt einen vom Volke in für den Nahen Osten immerhin erstaunlich freien Wahlen gewählten Präsidenten: Man mag einwenden, dass Wahlen kaum als demokratisch bezeichnet werden können, wenn von über zweihundert Kandidaten nur vier zugelassen werden (so im Jahre 1997 geschehen). Aber immerhin tritt in Iran der Präsident nach zwei Legislaturperioden überhaupt wieder ab – in Syrien und in Ägypten geschieht dies nicht. Dort erbt der Sohn das Präsidentenamt von seinem Vater. Außerdem gibt es in Iran ein Parlament. Hier herrschte schon immer eine erstaunlich weit entwickelte Diskussionskultur. Nicht erst seit dem Jahre 2000, seit die Reformer dieses Parlament dominierten, wurden hier Auseinandersetzungen in einer Schärfe geführt, wie sie in den meisten Ländern der islamischen Welt – außer der Türkei, dem Libanon und Indonesien – undenkbar wären. Dennoch hat die Islamische Republik ein Strukturproblem: Jeder einzelnen republikanischen Institution ist eine klerikale übergestülpt. So kann passieren, dass das Volk Reformer wählt, die ungewählten Instanzen jedoch die Reform verhindern, die die gewählten Vertreter des Volkes vorantreiben. Seit 1997 ist dies so geschehen. Seit ihr erstmals die Chance dazu geboten wurde, hat die iranische Bevölkerung jede Möglichkeit genutzt, ihrem Wunsch nach Reformen Ausdruck zu geben. Viermal, 1997, 1998, 2000 und 2001 wählte sie den Präsidentschaftskandidaten und diejenigen Politiker, die ihr Demokratie und Rechtsstaatlichkeit versprachen. Das erhoffte Ergebnis jedoch blieb aus. Zwar hatten die Reformer seit August 2000 die Mehrheit im Parlament, aber das half ihnen nur bedingt weiter. Dem Parlament ist der Wächterrat übergeordnet, er muss die Gesetze bestätigen. Deshalb konnten die reformorientierten Abgeordneten in den vergangenen vier Jahren kaum eines ihrer über 50 Reformgesetze durchbringen. Insgesamt wurden 90 Prozent aller Gesetze vom Wächterrat abgelehnt, weil sie angeblich gegen die islamischen Prinzipien des Staates verstoßen. Doch was die islamischen Prinzipien sind, ist ein sehr dehnbarer Begriff.

Ähnlich machtlos ist der Präsident. Ihm obliegt nicht einmal die Richtlinienkompetenz der Politik, und Iran ist weltweit das einzige Land, in dem die Exekutive nicht über den Oberbefehl der Streitkräfte verfügt. Als Mohammad Chatami sich im Mai 2001 zum zweiten Mal für die Kandidatur zum Amt des Präsidenten bewarb, sagte er, er habe nicht mehr Macht als ein gewöhnlicher Bürger. Seine Worte beschreiben die Machtverhältnisse recht genau. Der Präsident kann ohne die Unterstützung des Revolutionsführer nichts machen. Revolutionsführer Ali Chamenei aber hat eine eindeutige Haltung zum Wunsch des Volks nach Mitsprache und Reform. Im Januar 2004 erklärte er: „In der islamischen Demokratie wird keine Herrschaft akzeptiert außer jener, die von Gott auf den Führer übertragen wird. Die Macht des Revolutionsführers ist eine Gabe Gottes."

Hinzu kommt ein weiterer wichtiger Punkt: Die Achillesferse von Revolutionsführer Chamenei ist seine mangelnde theologische Autorität. Diese Achillesferse bedingt, dass die tatsächlichen Machtverhältnisse in Iran noch schwerer zu überschauen sind. Gemäß Artikel fünf der iranischen Verfassung, die die „Herrschaft des Obersten Rechtsgelehrten" (velayat-e faqih) festschreibt, wird die Stellvertreterschaft des abwesenden zwölften Imams dem „zur Führung befähigten Rechtsgelehrten" übertragen.

Wie bereits erwähnt, wurde Ajatollah Montazeri zum Nachfolger Chomeinis bestimmt, im Jahre 1989 jedoch abgesetzt. Er hatte die Menschenrechtsverletzungen in der Islamischen Republik kritisiert. Nur fand sich kein geeigneter Nachfolger für Montazeri. Die willigen Kleriker hatten nicht den entsprechenden juristischen Rang, und wer ihn hatte, war entweder zu alt, oder aber er war Gegner des iranischen Herrschaftsmodells. Bis heute halten viele Groß-Ajatollahs die „Herrschaft des Rechtsgelehrten" für eine Regierungsform, die der Schia nicht gemäß ist. Weil viele von ihnen eine apolitische Haltung haben, ist von ihnen jedoch nur selten zu hören. Und wer sagt, was er denkt, muss mit harten Repressionen rechnen.

Weil kein hochrangiger Geistlicher gefunden wurde, der ihn ersetzen konnte, setzte Chomeini schließlich den Paragraphen 109 der iranischen Verfassung außer Kraft, gemäß dem der Revolutionsführer ein ranghoher Geistlicher sein muss. Dabei hatte gerade Chomeini ursprünglich besonderen Wert darauf gelegt, dass allein „der herausragendste unter den Rechtsgelehrten" fähig sei, die muslimische Gemeinde anzuführen. Nach dem Tode Chomeinis wählte der sogenannte Expertenrat Ali Chamenei zum neuen Revolutionsführer. Bis heute ist nicht klar, ob Ajatollah Chomeini sich für ihn ausgesprochen hat. Zwar wurde dies immer von seinen Anhängern behauptet, andererseits hatte Chomeini ihn mehrfach öffentlich blamiert – beispielsweise als Chamenei sich dafür einsetzte, dass man Salman Rushdie sein Buch „Die Satanischen Verse" verzeihen sollte und damit den Zorn Chomeinis auf sich zog. Diese Episode zeigt übrigens auch, dass Chamenei nicht der radikale Konservative ist, als der er sich jetzt gibt. Paradoxerweise scheint es jedoch gerade seine Schwäche und das Fehlen eines landesweiten Netzwerkes ihm ergebener Gefolgsleute gewesen sein, die ihn in den Augen der Mitglieder des Expertenrates für den Posten des Revolutionsführers qualifizierten – wie auch schon seinerzeit für den Posten als Präsident.

Der Expertenrat besteht aus miteinander rivalisierenden, sehr mächtigen Geistlichen, denen Chamenei als geeigneter Kompromisskandidat erschien. Er würde, so mögen die Experten gedacht haben, aufgrund seiner mangelnden Autorität ihre Macht nicht beschneiden können. Wegen dieser Konstellation ist Chamenei bis heute gezwungen, den mächtigen Rechten Zugeständnisse zu machen, damit sie seine Position nicht gefährden. Er steht unter dem Einfluss der mächtigen Vorsitzenden des Wächter- und des Expertenrates, Ajatollah Dschannati und Ajatollah Meschkini. Dschannatis Macht beispielsweise ist so groß, dass sie sich über ausdrückliche Weisungen des Revolutionsführers hinwegsetzen können. Dieser hatte den Wächterrat im Zusammenhang mit den Parlamentswahlen gebeten, die Entscheidung, so viele potentielle Kandidaten auszuschließen, noch einmal zu überdenken. Die Antwort Dschannatis war ein klares Nein. Eine sehr undurchsichtige, aber ganz sicher sehr wichtige Rolle in diesem Machtgefüge spielt überdies Ex-Präsident Ali Akbar Rafsandschani.

5. Perspektiven für die Islamische Republik Iran

5.1 Nach der Parlamentswahl vom Februar 2004

Wie wird sich der gesellschaftliche Reformprozess und der Reformdiskurs nach den Parlamentswahlen des Jahres 2004 entwickeln? Kommt beides zum Erliegen? Oder könnte es stattdessen sein, dass es keines Diskurses mehr bedarf? Die Konservativen werden sicher ihre Haltung auch in Zukunft nicht ändern. Deshalb dürfte die Situation der Intellektuellen und kritischen Geister, der Protagonisten des Reformdiskurses, tatsächlich schwieriger werden. Entscheidender könnte aber etwas anderes sein: Der Reformdiskurs der letzten Jahre sowie das Scheitern des politischen Reformprozesses hat zu zwei wichtigen Ergebnissen geführt: Inzwischen gibt es in Iran einen breiten gesellschaftlichen Konsens darüber, dass die Einführung eines demokratischen Systems notwendig ist. Durch die Diskussionen der letzten Jahre wissen die Menschen heute, was Demokratie überhaupt ist. Sie wissen inzwischen was Begriffe wie Rechtsstaatlichkeit, Pluralismus und Gewaltenteilung bedeuten und wofür sie stehen. Dazu haben allerdings nicht nur der erwähnte Reformdiskurs, sondern auch die größeren Kontaktmöglichkeiten zum Rest der Welt beigetragen – wie etwas das Internet und Satellitenfernsehen. Außerdem ist das Bildungsniveau in Iran sehr hoch. Indikatoren wie Schulbildung, Zugang zu wissenschaftlichen Ressourcen und die Partizipation von Frauen in der Gesellschaft, die kürzlich vom Arab Human Development Report als entscheidend für eine nachhaltige Demokratisierung der arabischen Welt angegeben wurden, stellen sich in Iran weit besser dar als in vielen anderen Ländern der Region.

Entscheidender aber dürfte eine Erfahrung sein, die die Menschen in Iran gemacht haben: die Erfahrung des real existierenden Islamismus. Der Philosoph Abdolkarim Sorusch hat einmal gesagt: „Die islamische Religion war im iranischen Volk so tief verwurzelt, dass nur eine islamische Revolution diese Wurzeln ausreißen konnte." Die Politik der Konservativen, die eine Reform der Islamischen Republik scheitern ließen, hat dazu geführt, dass die Menschen sich in Scharen von diesem System abwenden. 25 Jahre, nachdem der Schah das Land verlassen hat, 25 Jahre, nachdem Ernst gemacht wurde mit der islamistischen Devise „der Islam ist die Lösung," könnte die Entfremdung zwischen dem Volk und seinen konservativen Herrschern nicht größer sein. Auch die Reaktion der Bevölkerung nach dem Erdbeben von Bam im Dezember 2003, das 40000 Menschen das Leben kostete, war dafür ein Symptom. Warum mussten so viele Menschen sterben? Diese Frage wurde in der iranischen Presse offen gestellt und auch beantwortet: Weil Korruption herrscht und Bauverbote nicht beachtet werden; weil die Herrschenden das Volk ausbluten lassen und Misswirtschaft herrscht in dem potentiell reichen Land.

Auch das Krisenmanagement nach der Katastrophe von Bam ist von Misswirtschaft geprägt. Was von den finanziellen Hilfen nicht den Händen korrupter Beamter landet, wird von unfähigen verschwendet. Natürlich gibt es auch engagierte Beamte und Funktionäre in Bam. Dennoch herrscht solches Missmanagement, dass manche darin sogar eine Strategie erkennen wollen. Nur private Initiativen wecken Hoffnung. Auch bei früheren Katastrophen war die Hilfsbereitschaft der Bevölkerung groß. Aber anders als noch bei dem Erdbeben von 1990 im Nordosten Irans spenden die Menschen nicht mehr einfach nur Geld, Medikamente oder Kleidung. Dieses Mal organisieren sie die Hilfe auch selbst. Dem Staat will kaum einer sein Geld anvertrauen. Die Berufsverbände, die politischen Organisationen, die sich in den letzten Jahren gegründet haben, die Intellektuellen und Studenten nutzen daher eigene Netzwerke, um den Menschen zu helfen. In Bam sind zahlreiche NGOs aktiv und übernehmen die Arbeit, die eigentlich Aufgabe des Staates ist. Sie übernehmen die psychologische Betreuung der Kinder und bauen öffentliche Toiletten und Duschen.

Zwar hat die Katastrophe von Bam wieder einmal gezeigt, in welch marodem Zustand der iranische Staat ist, doch sie hat auch bewiesen, dass sich in Iran eine Zivilgesellschaft formiert. Den politischen Machtkampf mögen die Reformer gegen die Konservativen verloren haben. Aber der eigentliche Reformprozess vollzieht sich nicht im Staat, sondern in der Gesellschaft. Und dieser Reformprozess ist in vollem Gange.

Viele wenden sich nicht nur vom System ab, sondern auch von der Religion. Empirische Untersuchungen lassen vermuten, dass es in keinem anderen islamischen Land so viele säkular und areligiös eingestellte Menschen gibt wie in Iran. Nur noch 25 Prozent der Iraner und 14 Prozent der iranischen Studenten befolgen die religiösen Gebote wie das Fasten oder das Beten. In der laizistischen Türkei dagegen halten nach einer repräsentativen Erhebung der „Türkischen Stiftung für Wirtschaftliche und Soziale Studien" 91 Prozent der Bevölkerung das Fasten im Ramadan ein, und 46 Prozent verrichten das tägliche Gebet.

Immer mehr Iraner sagen sich: „Wenn der Islam nicht mit der Demokratie und den Menschenrechten vereinbar ist, dann ist er es eben nicht. Aber Demokratie und Menschenrechte wollen wir trotzdem." Es erhebt sich allerdings niemand aus seinem Sessel, um dafür zu kämpfen. Die Menschen sind vollkommen desillusioniert. Als die Parlamentarier zwei Wochen vor der Wahl einen Sitzstreik begannen, um gegen ihren Ausschluss zu protestieren, hätte man erwarten können, dass die Bevölkerung sie in ihrem Kampf unterstützt, beispielsweise, indem sie demonstriert. Das tat sie aber nicht. Es kann nicht daran gelegen haben, dass sie nichts von den Ereignissen wusste. Zwar kontrollieren die Konservativen den staatlichen Rundfunk, und bis heute werden sogar die Ansprachen des Staatspräsidenten nur zensiert gesendet. Aber eine überaus kritische Rede und der Aufruf zum Wahlboykott eines streikenden Abgeordneten wurden sogar im staatlichen Rundfunk übertragen. Außerdem lassen sich ohnedies die meisten Iraner von der BBC, der Voice of America und den Sendern, die von der iranischen Exilopposition in den USA eingerichtet worden sind, über das Geschehen in Iran informieren. Doch es interessiert die Menschen einfach nicht mehr.

So enthusiastisch hat das iranische Volk diese Parlamentarier vor vier Jahren gewählt, so viele Hoffnungen in sie gesteckt. Und jetzt, im Februar 2004? Nichts. Niemand zeigt Interesse für die im Grunde spektakuläre Aktion der MPs. Keiner demonstriert mit ihnen für Reformen und Demokratie. Wahrscheinlich haben sich die Abgeordneten einfach zu spät zum Streik entschlossen, wie die Abgeordnete Elahe Kulai selbstkritisch zu bedenken gibt – nämlich erst in dem Moment, als es um sie selber geht. 50 Reformgesetze aber haben sie scheitern lassen, ohne sich zu widersetzen.

Diese desillusionierte Haltung war auch schon im Sommer 2003 während der Studentenproteste zu beobachten gewesen. Einige Tage in Folge gingen die Studenten auf die Straße. Egal mit wem man sprach, alle fanden es gut, dass Studenten für ihre Forderungen nach Demokratie auf die Strasse gingen. Man sah sie sich im Fernsehen an und redete stundenlang über sie, aber man wollte sie nicht selber unterstützen. Die Enttäuschungen der vergangenen Jahre sind zu groß.

Hinzu kommt, dass die Menschen so sehr damit beschäftigt sind, ihr Überleben zu sichern, dass sie kaum noch Energie für etwas anderes haben. Diese allgemeine Frustration schlägt sich in erschreckenden Zahlen nieder. Das staatliche Institut gegen Drogensucht gibt an, dass zwölf Millionen Iraner unter Depressionen leiden würden. Iran hat weltweit die höchste Selbstmordrate von Frauen und steht hinsichtlich des Drogenkonsums an erster Stelle in der Welt.

5.2 Drogen und Prostitution

In der Privatklinik von Chashayar Nuri ist täglich zu sehen, wie die Menschen mit den Enttäuschungen und der Hoffungslosigkeit umgehen. Von Zukunftsängsten, von gescheiterten Leben, die eigentlich noch gar nicht angefangen haben, von Hoffnungslosigkeit, erzählen ihm seine Patienten. Deshalb hätten sie zu Drogen gegriffen: „Sie wollen endlich einmal auf andere Gedanken kommen, diesen unendlichen Druck nicht mehr spüren müssen." Der Mediziner diagnostiziert bei fast allen seinen Patienten Depressionen, verursacht durch die herrschende gesellschaftliche Situation.

Die meisten seiner Patienten sind opiumabhängig. Opium ist die Droge, die in Iran am meisten konsumiert wird – schon seit alters her. Doch inzwischen ist der Konsum von einem kulturellen Phänomen zu einem sozialen Problem geworden. Ein Problem, das vor allem Jugendliche betrifft. Iran ist ein extrem junges Land – rund 35 Millionen der 68 Millionen Einwohner Irans sind jünger als zwanzig Jahre alt. Sie wollen eigentlich nur, was ihre Altersgenossen in den USA und in Europa auch wollen: einen Job und ein wenig Spaß, Abwechslung, Freizeit.

Aber viele bekommen wegen der schlechten wirtschaftlichen Lage keine Arbeit – und können es sich deshalb auch nicht erlauben zu heiraten. So steigt in einem Land, das vorehelichen Geschlechtsverkehr hart bestraft, auch der sexuelle Frust. Und jedwede Abwechslung wird ihnen im Namen des Islams vorenthalten. Unsittlich und lasterhaft nennen die Regierung und die Geistlichkeit Vergnügungen wie Tanzen und Musik. Trotzdem ist die iranische Jugend heute mit MTV vertrauter als mit Revolutionsliedern oder schiitischen Trauergesängen. Die meisten haben Satellitenschüsseln – auch wenn die offiziell verboten sind. Aber in Iran lebt man eben in zwei Welten: in einer, die verboten ist, und einer anderen, offiziellen. Zu lügen ist daher unausweichlich: die Klassenlehrerin darf nicht wissen, dass die Mutter zu Hause auch vor fremden Männern kein Kopftuch trägt. Dass man am Wochenende mit seinem Freund im Kino war, sollen die Eltern nicht erfahren. Schon kleinen Kindern wird beigebracht zu lügen: „Erzählt nicht in der Schule, dass wir zuhause eine Satellitenschüssel haben". Immer heucheln zu müssen kann krank machen. Das Lügen wird zur Gewohnheit, das Heucheln zur zweiten Natur.

Viele flüchten sich ins innere Exil oder in eine Traumwelt und Exzesse. Jugendliche erzählen von wilden Parties. Und häufig arten sie in hemmungslose Exzesse aus, wie man sie aus Filmen über amerikanische Colleges kennt – in der Islamischen Republik aber nicht unbedingt erwartet hätte: Jede Menge Drogen, hemmungsloses Flirten und Sex.

Wer Geld hat, feiert häufig solche Parties. Denn trotz der rigiden Verbote gibt es in Iran alles zu kaufen: Westliche Popmusik oder auch iranischen Pop made in USA verkaufen die Straßenhändler unter der Hand, ebenso wie die neuesten Hollywood-Streifen. Auch Alkohol kann man sich problemlos beschaffen – obwohl er verboten ist. Billiger und einfacher allerdings ist es, an harte Drogen zu kommen, Unmengen von Drogen kommen aus Afghanistan ins Land. Nach Einschätzung der UNO befinden sich 76 Prozent des weltweit vorhandenen Opiums, 19 Prozent des Heroins und Morphiums und 5 Prozent des Haschischs in Iran. In Teheran kann man sich ohne größere Probleme innerhalb von nur zehn Minuten harte Drogen beschaffen. Eltern mit kleinen Kindern meiden öffentliche Parks, weil es dort von Junkies und Dealern nur so wimmelt.

Die Zahlen sind erschreckend: Nach Angaben der Vereinten Nationen sind 2,8 Prozent der Bevölkerung drogenabhängig. Weltweit gibt es – gemäß des Weltdrogenberichts aus dem Jahre 2000 – 13,5 Millionen Drogensüchtige. Demnach leben allein in Iran 15 Prozent der weltweit Süchtigen. Das staatliche Institut gegen Drogensucht schätzt angesichts der Steigerungsrate, dass die Zahl der iranischen Drogensüchtigen innerhalb der nächsten Jahre auf 15 Millionen ansteigen wird. Sogar an den Schulen haben sich Drogen inzwischen epidemisch ausgebreitet.

Vor wenigen Jahren hieß es offiziell noch, das Drogenproblem sei mit dem Sturz des Schahs verschwunden, schließlich herrsche in der Islamischen Republik Anstand und Sitte. Ein Drogenproblem habe nur der areligiöse Westen. Inzwischen haben die verantwortlichen Stellen das Wegsehen und den Bürokratenjargon aufgegeben. TV-Informationssendungen wenden sich an Jugendliche und Eltern. Der Fußballer Khodadad Azzi, der Iran 1997 mit einem sensationellen Tor für die Fußballweltmeisterschaft qualifizierte, wirbt auf Plakaten für „Sport statt Drogen" und im Teheraner Park „Park-e Schahr" ist der Hinweis zu lesen: „Bitte benutzen Sie keine gebrauchten Spritzen – AIDS-Gefahr." Und Mitte Januar 2002 genehmigte die Regierung sogar die Ausgabe von sterilen Spritzen durch Apotheken – eine Entscheidung, die vor Chatami undenkbar schien.

Doch die Erfolge der Aufklärungsarbeit sind bescheiden: Nach Aussagen von Dr. Schahram Naderi, einem Mitarbeiter im Gesundheitsministerium, lassen sich lediglich drei Prozent der Abhängigen behandeln. Im Jahre 2001 seien 40000 Drogenabhängige in den 85 vorhandenen Gesundheitszentren aufgenommen worden, doch nur 45 Prozent hätten die Entgiftungskur zu Ende gebracht. Den Statistiken zu Folge erleiden rund 90 Prozent der Behandelten einen Rückfall. Erstaunlich ist der geringe Prozentsatz von Frauen, die sich behandeln lassen: er liegt bei 3,8 Prozent. Dies dürfte zwar auch daran liegen, dass Drogensucht unter Männern stärker verbreitet ist als unter Frauen: Dass Frauen der iranischen Mittelschicht Drogen nehmen, ist eher ein neues Phänomen, sagt die Pressesprecherin der Kermaner Drogenberatungsstelle, Fereschte Scharifi. Ein weiterer Grund dafür, dass Frauen die angebotene Hilfe weit seltener annehmen, ist jedoch Scham.

Das Problem liegt jedoch nach wie vor anderswo: Auf einem Seminar, dass die iranische Regierung im Jahre 2002 veranstaltete, stimmten alle Teilnehmer darin überein, dass die weit verbreiteten Depressionskrankheiten ausschlaggebend für den massiven Drogenkonsum seien. Der Frust ist groß, viele flüchten sich in eine Traumwelt, halten den Druck und die Widersprüche dieser Gesellschaft nicht aus. Das meint auch Hossein Dezhakam, der in Teheran für die Nichtregierungsorganisation Aftab arbeitet und Gruppentherapien nach dem Vorbild der Anonymen Alkoholiker durchführt: „Wer sich an die Gesellschaft nicht anpassen kann, nimmt Drogen, um Energie zu tanken und um auf andere Gedanken zu kommen."

Die Drogenabhängigkeit schafft Tragödien: verwahrloste Familien, mittellos zurückgelassene Ehefrauen, Kinder, die im Gefängnis aufwachsen, weil die Mutter beim Dealen erwischt wurde. In den Provinzen Chorasan und Sistan-Balutschistan sowie in Kerman – den Regionen mit dem höchsten Rauschgiftkonsum – ist die Drogensucht eines Ehepartners in 70 Prozent aller Fälle der Scheidungsgrund. Fereschte Scharifi von der Drogenberatungsstelle in Kerman kümmert sich um das Projekt „Green-House", in dem Kinder aus Drogenfamilien leben. Moqadame beispielsweise. Die 29-Jährige hat drei Kinder. Ihr Mann hat sie vor drei Jahren wegen seiner Drogensucht verlassen. Jetzt lebt sie von den Näharbeiten, die sie im „Green-House", wo sie mit ihren Kindern lebt, anfertigt. „Es ist nicht so, dass die Regierung nichts gegen das Drogenproblem tut," sagt Fereschte Scharifi: „Aber es ist wie in allen Bereichen in diesem Land, es herrscht einfach Mangelwirtschaft." In Kerman befindet sich das „beste" Frauengefängnis Irans. 50–60 Frauen sitzen hier ein, die meisten wegen Drogendelikten – aber immerhin nicht wegen ihrer Sucht. „Inzwischen hat sich wenigstens in diesem Land die Einsicht durchgesetzt, dass Drogensucht eine Krankheit ist, kein Verbrechen," sagt Fereschte Scharifi. Der Staat versucht, den Frauen zu helfen. Wer hier eingeliefert wird und drogensüchtig ist, muss sich nach der Entgiftung einer Therapie unterziehen. Allerdings ist es auch im Gefängnis nicht unmöglich, an Drogen heranzukommen. „Und in dem meisten Fällen werden die Frauen ohnedies wieder rückfällig, wenn sie entlassen werden. Sie müssen schließlich in dasselbe Umfeld zurück. Und was wartet da schon auf sie?"

Die staatliche iranische Organisation für Wohlfahrt gibt Zahlen heraus, die kaum zu glauben sind. Sie schätzt, dass in den vergangenen drei Jahren etwa 1,7 Millionen Frauen und junge Mädchen wegen sozialer Probleme, die meist in der Drogenabhängigkeit der Eltern oder des Ehemannes begründet liegen, weggelaufen sind. Manche von ihnen mussten sich als Dealerinnen verdingen oder wurden ständig geschlagen. Andere wurden von den Eltern an ältere Ehemänner verkauft. Die Eltern sind froh, ein hungriges Maul loszuwerden und bekommen noch etwas Geld für die nächste Opiumration. Vor den Ehemännern, die oft älter sind als ihre Väter oder selber drogenabhängig, flüchten viele junge Frauen in die Hauptstadt. Sie erträumen sich ein besseres Leben, doch meist landen sie in den Fängen von Zuhälterbanden.

Die Sozialarbeiterin Dschamileh Schahbaz versucht, sie vorher an den Teheraner Busbahnhöfen abzufangen. Nur die wenigsten haben das Glück, im „Reyhaneh-Haus" in Teheran zu landen, wo man sich der Mädchen, die von ihrem Zuhause flüchten mussten, annimmt. Atina wurde im Alter von zwölf Jahren verheiratet. Ihr Mann, ein Drogenabhängiger, pflegte sie in Ketten zu legen, wenn er das Haus verließ, und zu schlagen, wenn er zu Hause war. Er vergewaltigte sie regelmäßig. Sie schaffte es, sich von dem Mann scheiden zu lassen, musste aber sofort wieder heiraten. Wieder einen Drogenabhängigen. Doch sie schaffte es noch einmal, weglaufen. Nun hat sie Zuflucht gefunden im Reyhaneh-Haus, aber eigentlich möchte sie nur sterben. Zu viel hat sie erlebt, um dem Leben noch zu vertrauen.

In den meisten dieser Geschichten kommt ein zerbrochenes Elternhaus vor – zerbrochen wegen Drogensucht, wegen Kriminalität. Oft ist das eine Folge des anderen. Fahime Eskandari nennt das Aufbegehren als einen weiteren Grund für das sprunghaft angestiegene Flüchten der Mädchen von zu Hause: Früher habe man sich einfach abgefunden mit der traditionellen Rolle, die Frauen spielen. Und auch mit den Schlägen und anderen Demütigungen. „Heute sind unsere jungen Frauen viel offener und sie werden mit anderen Kulturen konfrontiert. Man kann die Kinder von heute nicht mit denen von vor zehn Jahren vergleichen. Sie fordern ihre Rechte ein."

An die dreißig weggelaufene Kinder werden tagtäglich von den Behörden aufgegriffen. Das ist ihr Glück: „So gut wie alle weggelaufenen Mädchen enden als Prostituierte", schreibt Mohammad Ali Zam in einem Bericht, den er im Jahre 2000 über die Prostitution und Drogenmissbrauch in Iran verfasst hat und der in iranischen Zeitungen veröffentlicht wurde. Dies kam damals einer Sensation gleich. Bis dahin wurde die Wirklichkeit idealisiert, die offizielle Lesart zeichnete ein rosiges Bild vom Leben seit der Revolution. Sie hatte sich immerhin den Kampf gegen das Laster auf die Fahnen geschrieben. Eine der ersten Maßnahmen war nach der Machtübernahme die Schließung des Teheraner Rotlichtbezirks. Schon damals wurde selbst in offiziellen Kreisen die Warnung laut, dass man damit das Problem nur in den Untergrund verweise, es aber nicht löse.

Eine der Ideen, mit der die Regierung versuchen möchte, dem Problem der Prostitution und vor allem den damit einhergehenden Problemen wie dem Menschenhandel und den Infektionsgefahren Herr zu werden, wurde eine Zeitlang heftig in Teheran diskutiert: die Einrichtung sogenannter Anstandshäuser. In ihnen wird zwischen der Prostituierten und dem Kunden ein Vertrag über eine „Zeitehe" geschlossen. Die Zeitehe, die von wenigen Stunden bis hin zu 99 Jahren eingegangen werden kann, ist eine speziell schiitische Institution. Sie kann von einem Geistlichen geschlossen werde, theoretisch braucht es aber nur die beiden Eheleute, die eine bestimmte Formel sprechen müssen.

Zugelassen soll in den Anstandshäusern nur werden, wer nachweisen kann, dass er unverheiratet ist oder eine physisch oder psychisch schwer kranke Frau hat. So hofft man, wenigstens dem AIDS-Problem Herr zu werden. Auf die Frage, was der Unterschied zwischen Bordellen und den Anstandshäusern ist, reagiert Aschraf Borudscherdi, die stellvertretende Innenministerin ausweichend: „Manche meinen, es sei tabu über solche Dinge zureden, aber sie sind Teil der gesellschaftlichen Realität. Sie einfach nicht zu beachten, wird das Problem nicht lösen."

Der Vorschlag ist auch eine Reaktion auf eine Reihe von Skandalen, die im Jahre 2002 ans Licht gekommen sind. So wurden acht Mitglieder der iranischen Fußballnationalmannschaft zu bis zu 170 Peitschenhieben verurteilt, nachdem eindeutige Bilder von ihnen in einem Bordell aufgetaucht waren. Und kurz zuvor war der Fall eines Mullahs bekannt geworden, der ein Bordell führte und dort minderjährige Kinder gegen ihren Willen festhielt.

5.3 Spaltungen innerhalb der Geistlichkeit

Immer mehr Geistliche distanzieren sich inzwischen von diesem Regime, mit dem Korruption, moralischer Verfall und Machtmissbrauch assoziiert werden. Einige, wie der ehemalige designierte Nachfolger Chomeinis, Groß Ajatollah Hossein Ali Montazeri, klagen, die Revolution sei verraten worden: So ein System habe man nicht gewollt.

Montazeri war jahrzehntelang im Kampf gegen das Regime des Schah Mohammad Pahlavi aktiv und einer der engsten Vertrauten des späteren Revolutionsführers Chomeini. Im März 1989 wurde Montazeri plötzlich abgesetzt. Der Öffentlichkeit wurde nur mitgeteilt, dies sei zum Wohle der islamischen Ordnung geschehen. Er widmete sich daraufhin still und unauffällig der Lehre und der Forschung, der Hausarrest, unter dem er in den ersten Jahren stand, wurde allmählich gelockert. Seine Schüler und Anhänger waren jedoch weiterhin massiver Verfolgung ausgesetzt. Allein bis 1995 sollen 600 von ihnen hingerichtet worden sein.

Mit seiner Kritik rüttelt Montazeri am Selbstverständnis und an den staatstragenden Dogmen der Islamischen Republik. Beispielsweise wenn er behauptet, die Islamische Republik habe ihre Versprechen gegenüber den Entrechteten nicht gehalten, obschon in deren Namen die Revolution gemacht worden sei. Montazeri wirft den Herrschenden vor, genau so verbrecherisch zu handeln wie das Regime, das sie einst beseitigt haben. Er mahnt, Geschichte könne sich wiederholen. Die Herrschenden würden nicht nur gegen islamische Prinzipien, sondern ebenso gegen die Verfassung der Islamischen Republik verstoßen: „Gemäß den religiösen Prinzipien und laut unserer Verfassung ist jedwede Meinungsäußerung erlaubt, solange sie nicht die Rechte anderer verletzt. Niemals und nirgendwo führen die Äußerung einer Meinung und die Kritik an der Regierungsweise der Politiker und Machthaber zum Umsturz des Systems. Statt dessen überwacht das Volk die Herrschenden und korrigiert ihre Fehler, so dass gerade durch die Kritik die Ordnung gefestigt wird."

Vor allem, dass diese widerrechtlichen Aktionen der Herrschenden im Namen der Religion begangen werden, ist aus Montazeris Sicht schwerwiegend. Ihn sorgt, dass die Menschen die Verfehlungen der Religion zur Last legen, da die Regierenden im Namen der Religion herrschen. Alle Verbote und Restriktionen werden von den Konservativen mit dem Islam gerechtfertigt. Und inzwischen identifiziert die Bevölkerung Korruption, Arbeitslosigkeit, die schlechte wirtschaftliche Lage insgesamt, aber auch Zensur und politische Unfreiheit, mit dem Islam. Dies ist der Grund, warum viele Reformer Mitte der neunziger Jahre begannen, für den politischen Wandel zu kämpfen. Sie wollten nicht, gerade weil sie fromme Muslime sind, dass ihre Religion für Ungerechtigkeit und Repression steht.

„Solche Repressionen und Verletzungen der Grundrechte der Bürger und Intellektuellen – und das im Namen der Religion und einer religiösen Regierung – führen nur dazu, dass die verschiedenen Schichten der Gesellschaft, die junge Generation und die religiösen Intellektuellen ihr Vertrauen in die Religion als solche und in die religiöse Regierung verlieren," schreibt Montazeri. Den Herrschenden wirft er zudem vor, die Ziele der Revolution verraten zu haben. „Die Ziele, welche die Herrschenden verfolgen, wenn sie Journalisten, Studenten, Intellektuelle und freiheitsliebende Geistliche niederknüppeln und unterdrücken, sind jedem offensichtlich. Um ihre politische und wirtschaftliche Macht zu bewahren, stellen sie sich gegen das Freiheitsstreben und die Reformforderungen aller Schichten der Gesellschaft. Sie wissen offenbar nicht, dass sie durch ihre Handlungsweise das Gegenteil bewirken werden."

Ein anderer Dissident aus dem klerikalen Lager ist Ajatollah Jussuf Sanei. Er sieht sich mit einer Forderung konfrontiert, wie sie von vielen in Europa erhoben wird: Denn einen Aufstand der Anständigen fordern die einen, Lichterketten und Stellungnahmen bedeutender religiöser Führer die anderen. Alle jedenfalls wollen eine eindeutige Distanzierung der Muslime – sei es das normale Volk oder seine Würdenträger – vom Terror. Sanei macht sich die Antwort auf die Frage, warum sie ausbleibt, nicht leicht. Er sieht sie als eine „humane, auch islamische Forderung". Und er antwortet: „Welches Medium habe ich denn in Iran, um mich zu distanzieren? Welches Fernsehen würde mich senden?" Würde er es im Ausland tun, sähe es nicht besser aus. Dann könne er zwar seine Stellungnahme abgeben. Aber zurück in Iran hätte er mit schwerwiegenden Konsequenzen zu rechnen. Dabei ist seine Haltung eindeutig. „Terror und Mord sind verboten im Islam." Jedes Jahr, erzählt Ajatollah Sanei, gedenken wir Schiiten eines heimtückischen Mordanschlags, des Anschlags auf unseren Führer, den Führer der Muslime, Imam Ali. Geschehen im siebten Jahrhundert, wenige Jahre nach dem Tode des Propheten Mohammad. Dieser Tod leitete die Trennung, das Schisma, zwischen Sunniten und Schiiten, ein. Und bis heute wird dieser Mord beklagt, der Mörder verflucht. „Wie können wir da Terror rechtfertigen, Morde wollen? Ein Terroranschlag hat uns ins Unglück gestürzt," sagt er.

Aber erklärt das die fehlenden Stellungnahmen schiitischer Autoritäten zum Thema Terror im Namen des Islam? Ajatollah Sanei erklärt, die iranische Geistlichkeit sei eins geworden mit den herrschenden Klerikern. Mit denen, die meinen, im Namen des Islams zu sprechen. Vom Volk hätten sie sich dabei immer mehr entfernt. Doch ihre Nähe zur Macht verhindere eine eindeutige Positionierung. Sie könnten nicht mit anderer Zunge sprechen als die herrschenden iranischen Konservativen – sonst hätten sie Repressionen zu fürchten. Die herrschenden Konservativen aber können sich eine gewisse Schadenfreude über den Tod ihrer Feinde nicht verkneifen. Immer wurde von dieser Seite behauptet, ein wenig Schuld an den Terroranschlägen trügen die Betroffenen ja auch selber. Wegen der Politik, die die USA und ihre Verbündeten in der islamischen Welt über Jahre hinweg gemacht hätten: in Palästina, in Algerien, Saudi-Arabien, Afghanisten. Aus ihrer Sicht lässt sich die Liste beliebig fortsetzen. Aber nicht alle Geistlichen teilen sie – vor allem nicht in bezug auf die palästinensische Reaktion gegenüber der israelischen Politik: Sanei vertritt eine vollkommen andere Haltung gegenüber den Selbstmordanschlägen von Palästinensern in Israel. Zwar fällt ihm auch diese Antwort nicht leicht, er erklärt, auch Schweigen sei schließlich eine Antwort. Dann aber sagt er es doch: „Für Gott ist das alles nicht. Die einen töten und die anderen töten, Gewalt erzeugt Gegengewalt, und die Palästinenser verlieren und verlieren und verlieren bei der ganzen Sache. Ihr Land, ihr Gesicht, ihre Ehre. Wem soll das helfen? Den Israelis nicht und den Palästinensern noch weniger."

Sanei war selber einst Teil der klerikalen Machtelite Irans, gehörte lange zu denjenigen, die vom System profitiert haben und es mitgestaltet haben. Inzwischen steht er dem System skeptisch gegenüber. Er will nicht, dass seine Religion für all das steht, was dem Volk verwehrt wird: Demokratie und Freiheit. Das Volk wolle Freiheit und im Namen des Islams werde sie ihm verwehrt. Natürlich sei das nicht die Schuld des Islams. Die Religion, der er angehört und die er als Geistlicher vertritt, sei für die Freiheit und die Demokratie. Aber die religiösen Vertreter dieser Religion hätten den Menschen nicht beigestanden, als sie sie brauchten. Die Staatskleriker nicht, weil sie nur an ihren Pfründen interessiert seien und die anders denken Geistlichen auch nicht: weil sie es nicht gewagt hätten. Deshalb würde heute sich niemand mehr an den religiösen Führern orientieren. „Die Geistlichen haben ihre Heiligkeit verloren", stellt Sanei bedauernd fest. „Und warum? Weil sie Teil der Machtelite geworden sind." Das Einssein von Religion und Macht sei ein großer Schaden, das habe er jetzt erkannt. Immer sei Macht verbunden mit Lüge, Diebstahl, Unterdrückung und Verrat. Eine religiöse Führung hingegen sei heilig. Aber gerade deswegen könne sie nicht sagen, ich will die Menschen zum Gebet anleiten, sie zum Guten weisen – und auch regieren. „Denn Regieren erfordert Spielchen, übers Ohr hauen. Die Welt des Regierens ist eine Welt des Unterdrückens."

Den einzigen Ausweg sieht er in einer neuerlichen Trennung von Staat und Religion. Dann könne die Geistlichkeit ihre Heiligkeit zurückgewinnen, dann könne sie wieder Sprachrohr der Menschen werden. Ajatollah Sanei steht damit heute wieder für eine uralte Tradition innerhalb der schiitischen Geistlichkeit. Eine Geistlichkeit, die zwar Sprachrohr des Volkes sein wollte, sich ansonsten aber aus der Politik heraushielt. Sie meinte, bis zur Wiederkehr des zwölften Imams, der eschatologisch dem jüdischen Messias vergleichbar ist, gebe es ohnedies keine gerechte weltliche Herrschaft. Und predigte deshalb Abstinenz. Und es war besser für sie, meint heute Ajatollah Sanei. Wahrscheinlich spricht er heute für eine schweigende Mehrheit.

5.4 Ein zerrissenes Land

Was folgt aus dieser Entfremdung zwischen Volk und Herrschenden? Möglicherweise nichts. Die Islamische Republik hat beachtliche Stabilität bewahrt – allen Kassandrarufen zum Trotz. Dieses System wird schon seit Jahren totgesagt. Doch es hat immer noch Bestand, während sein Vorgängerregime, das immer als unverwüstlich galt, fast vom einen auf den anderen Tag in sich zusammen fiel. Immer wieder hat man von Fraktionalismus gesprochen, davon, dass sich die herrschenden Kleriker selbst zerfleischen würden – auch jetzt, heißt es das wieder. Da der Störfaktor „Reformer", gegen die man gemeinsam stehen musste, ausgeschaltet sei, könnten interne Machtkämpfe ausbrechen.

Das ist auch die Strategie eines Teils der Reformer: den Konservativen das Feld überlassen, damit sie an ihren eigenen Widersprüchen zugrunde gehen. Zwar ist es in der Vergangenheit immer wieder zu handfesten Auseinandersetzungen und erbitterten Kämpfen untereinander um Pfründe und Ideologien gekommen. Aber letztlich hat der Zusammenhalt überwogen. Der interfraktionelle Streit hat immer da sein Ende gefunden, wo die Machtinteressen der gesamten Zunft gefährdet waren. Das Zunftdenken innerhalb des iranischen Klerus ist sehr ausgeprägt, seit Jahrhunderten ist man familiär miteinander verwoben. Und es gibt bestimmte, nur dieser Klasse eigene Verhaltensmuster und -strukturen. All das sollte man nicht unterschätzen. Der iranische Klerus ist ein gut aufeinander abgestimmtes, gut funktionierendes Netzwerk. Das sorgt für Stabilität.

Wie die Zeichen jetzt stehen – nachdem die Konservativen das Parlament zurückerobert haben –, darüber sind sich die Menschen noch nicht ganz im Klaren. Es ist die Ironie der Situation in Iran, dass sich eventuell gar nicht so viel ändern wird durch die Verschiebung der Mehrheitsverhältnisse im Parlament. Was die reformorientierten Parlamentarier versprochen hatten, Gesetze, die Meinungsfreiheit garantieren und Geschlechtergleichheit und einen größeren Schutz vor der Willkür der Justiz, konnten sie ohnehin nicht durchsetzen. Das Veto des Wächterrates verhinderte es. Nun werden solche Gesetzesvorlagen erst gar nicht mehr eingebracht, aber unterm Strich kommt dies auf dasselbe raus.

Außerdem gibt es zwei Lager innerhalb der konservativen Fraktion, und es ist nicht klar, welches die Oberhand gewinnen wird. Diejenigen, die jetzt ins Parlament eingezogen sind, gelten als „pragmatische Konservative". Möglicherweise setzen sie sich gegenüber den Radikalen durch und machen vor allem eine pragmatische Außenpolitik. Es ist jedenfalls denkbar, dass sie den Radikalen Zugeständnisse abringen können, die die Radikalen den Reformern niemals gemacht hätten. Viele hegen darüber hinaus die Hoffnung, dass die Konservativen jetzt eher gesellschaftliche Freiheiten *geben* als sie zu *nehmen*. Weil sie die Bevölkerung nicht ganz verlieren möchten – und weil es ihnen weniger darum geht, ihre Ideologie durchzusetzen als ihre Macht zu behalten.

Dazu passt beispielsweise der Vorschlag von Gholam Ali Haddad Adel. Der gegenwärtige Parlamentspräsident schlug im Wahlkampf vor, endlich den Besitz und Gebrauch von Satellitenschüsseln zu erlauben. Es geht Haddad Adel nicht um darum, einem Bedürfnis der Bevölkerung nachzugeben. Auch die Einsicht, dass man nicht ändern kann, was nicht zu ändern ist – weil sich an das geltende Verbot ohnedies niemand hält, – dürfte nicht das Motiv für seinen Vorschlag sein. Wenn Haddad Adel solche kleinen gesellschaftlichen Freiheiten gewähren will, steckt dahinter ein eiskaltes Kalkül: vielleicht lässt die Bevölkerung dann von ihren Forderungen nach Demokratie und Mitsprache ab. Auch Mohammad Dschavad Laridschani, einer der führenden Theoretiker der Konservativen, hat unumwunden zugegeben, dass dies ihre Strategie sei.

Und schon seit Jahren versuchen die moderateren unter den Konservativen, sich von den Radikalen zu distanzieren, weil sie in deren rigider Auslegung des Islams eine Gefahr für den eigenen Machterhalt sehen. Einen „reaktionären Islam" würden diese erzkonservativen Kleriker predigen. Die Zeitung Entechab (Wahl) beispielsweise wirft ihnen „versteinertes Denken" vor. Taha Haschemi, der Herausgeber von Entechab, gilt nicht gerade als Reformer, im Gegenteil. Doch wie er wollen sich viele Konservative von den Extremisten in den eigenen Reihen absetzen, von Leuten wie dem Freitagsprediger Ajatollah Mesbah Jazdi etwa, den die Iraner auch gerne „das Krokodil" nennen. Seine Haltung zu einer liberalen Deutung des Islams kleidet er in deutliche Worte. In einer Freitagspredigt stellte er unumwunden fest: „Wer sagt, er habe eine neue Interpretation des Islam, dem muss man in die Fresse schlagen." Taha Haschemi wirft Leuten wie Mesbah Jazdi vor, für das schlechte Image des Islam in der Welt verantwortlich zu sein und die Jugend der Geistlichkeit entfremdet zu haben. „Das falsche Licht, in dem die Religion dargestellt wird und die Missachtung der iranischen Verfassung haben dazu geführt, dass die Jugendlichen diesen Staat hassen. Und deshalb nimmt die Säkularisierung immer weiter zu."

Weil viele so denken, ist zu vermuten, dass die gesellschaftliche und wirtschaftliche Reformagenda übernommen wird. Den pragmatischen Konservativen jedenfalls scheint klar zu sein, dass sie die wirtschaftliche Situation verbessern müssen. Ansonsten droht die Lage zu eskalieren. 800000 neue Arbeitsplätze müssen und wollen sie im Jahr schaffen. Gholam Ali Haddad Adel hat angekündigt, aus Iran ein „islamisches Japan" zu machen. Seine Partei nennt sich Abadgaran. Wörtlich bedeutet dies „die Aufbauer" oder auch diejenigen, die für blühende Landschaften sorgen.

Sogar zur Wiederaufnahme diplomatischer Beziehungen zu den USA könnte es vor dem Hintergrund dieser pragmatischen Einstellung der Konservativen in den nächsten Jahren kommen. Hassan Rouhani, der als nächster Präsidentschaftskandidat der Konservativen gehandelt wird, hat sich dafür ausgesprochen, und ebenso Haschemi Rafsandschani. Beide Fraktionen, Reformer und Konservative, sind sich schon seit Jahren im Klaren darüber, dass Iran es sich nicht mehr länger leisten kann, sich mit der einzigen verbliebenen Weltmacht zu befehden. Informelle Kontakte zwischen beiden Staaten bestehen schon seit langem. Die Iraner unterstützen Washington im Irak und in Afghanistan: Die iranische Regierung hat ihren Einfluss auf die Nordallianz zugunsten der Amerikaner genutzt und den irakischen Übergangsrat anerkannt, anstatt die amerikanische Politik im Irak zu hintertreiben. Gewisse Einflussmöglichkeiten dazu hätten sie gehabt. Insofern bedeuteten die Hilfslieferungen der Amerikaner nach dem Erdbeben in Bam vom Dezember 2003 nicht den Anfang vom Ende der großen Eiszeit. Aber so einig sich Reformer und pragmatische Konservative über die Notwendigkeit einer Annäherung auch waren, solange die Reformer an der Macht waren oder sind, wäre es nicht dazu gekommen. Diesen außenpolitischen Erfolg wollte man der Regierung Chatami nicht gönnen.

Ob die Amerikaner die Konservativen im Falle einer Annäherung zu mehr Offenheit im innenpolitischen und kulturellen Bereich mahnen werden oder ob die Europäer, die sich sehr besorgt über die jüngste Wahl geäußert haben, dies jetzt schon tun, bleibt abzuwarten. Dass sie hier verstärkten Druck ausüben sollten und könnten, denken jedenfalls viele Iraner. Die Reise der EU-Troika am 21. Oktober 2003 nach Teheran und das Ergebnis, das Aussetzen des Atomprogramms, dient vielen als Beleg, dass es durchaus möglich ist, den Konservativen Zugeständnisse abzuringen. Das Handels- und Kooperationsabkommen mit der EU, das für die Iraner existenziell wichtig ist, könnte hier als Druckmittel dienen. Die Europäische Union sollte einfordern, dass politische Reformen angegangen werden und dem Volk beispielsweise bei den Präsidentschaftswahlen im nächsten Jahr eine echte personelle Alternative geboten wird. Und auch die Zulassung einer demokratischen außerparlamentarischen Opposition sollte die EU einklagen. Allerdings befürchten viele Iraner, die Amerikaner und auch die EU könnten sich auf einen ganz anderen politischen Deal einlassen: bei innenpolitischen Repressionen wegzuschauen für den Fall, dass Teheran das Atomprogramm aussetzt und seine Feindschaft gegenüber Israel aufgibt. Viele befürchten, die EU und vor allem Deutschland ließen sich zu sehr von der Sorge leiten, Iran könne Israel angreifen. Aber die Gefahr, die von Iran für Israel ausgeht, ist eher gering. Die iranische Führung ist sich durchaus darüber im Klaren, dass es Selbstmord wäre, Israel anzugreifen. Vieles von dem, was sie sagt, ist nicht mehr als Rhetorik und dient in erster Linie innenpolitischen Zwecken.

Ein beunruhigendes Indiz dafür, dass die Menschenrechte auf der Agenda der westlichen Welt nicht an oberster Stelle stehen, war vielen der Besuch des UN-Bevollmächtigten Ambegy Ligabo im November 2003. Iranische Zeitungen stellten ganz offen die Frage, warum er einige politische Gefangene zu treffen versäumt habe. Und warum er bei einer Pressekonferenz vor iranischen Journalisten nicht offener über die Menschenrechtslage geredet habe.

Nach mehreren Iran-Reisen im Jahre 2003 und 2004 jedenfalls bleibt der Eindruck zurück, dass heute viele Iraner – zumindest die aus der Mittelschicht – die amerikanische Iran-Politik durchaus gutheißen. Deutschland und die EU hingegen werden von vielen kritisiert, weil diese immer noch auf den Dialog setzen und auf Reformern von innen hoffen. Nein, sagen überraschend viele Gesprächspartner. Was hat der Dialog denn gebracht? Wir haben seit 1997 – seit wir Mohammad Chatami zum Präsidenten gewählt haben – durch unsere Teilnahme an den Wahlen und durch unser Votum gesagt und belegt, dass wir Reformen wollen, dass wir allerdings zu warten bereit sind und uns auf einen Wandel auf friedlichem, und damit wahrscheinlich langsamem Wege einlassen. Aber die Konservativen haben kein Einsehen, und deshalb ist die Politik der Amerikaner richtig. Druck von außen ist das einzige, was uns jetzt noch helfen kann, sagen immer mehr Menschen.

Nicht, dass es unverständlich wäre: die Leute sind müde, ausgebrannt, entmutigt und frustriert. Sie haben es versucht, haben den Reformern eine wirkliche Chance gegeben, hatten Zutrauen in einen allmählich vonstatten gehenden Wandel. Aber Irans Konservative wollen auch den langsamen Wandel nicht, sie torpedieren alle Reformvorhaben und bringen damit das Volk immer mehr gegen sich auf.

Das heißt nicht, dass in Iran die nächste Revolution ansteht. Dazu fehle die charismatische Führerpersönlichkeit und eine im Ausland wie im Inland gut organisierte Opposition (all das gab es im Vorfeld der Revolution von 1978/79). Und trotz aller Rückschläge im Reformprozess: immerhin hat sich eine bewusste, politisch interessierte Öffentlichkeit herausgebildet. Es gibt erste, kleine Ansätze zivilgesellschaftlicher Organisationen und vor allem eine Gesellschaft, die eine Liberalisierung der öffentlichen Sphäre will. All das ist durchaus zukunftsträchtig. Denn es gibt einen unabweislichen Grund, warum die Reform letztlich gewinnen wird und warum einem theokratischen Staatsmodell die Zeit abläuft: weil ihm schlicht die Gesellschaft abhanden gekommen ist. Denn auch wenn die politische Reformbewegung gescheitert ist – was die letzten Wahlen bewiesen haben –, so muss das nicht heißen, dass die gesellschaftliche es ebenfalls tut. Inzwischen gibt es in der iranischen Gesellschaft einen Konsens darüber, dass es keine Alternative zu einer demokratischen Staatsform gibt. Dies war ein langwieriger und schmerzhafter Prozess. Aber vielleicht muss jede Gesellschaft diesen Weg selber gehen – anstatt von einer Weltmacht befreit zu werden, die dann in kürzester Zeit jeden Kredit verspielt. Das ist der Grund, warum es immer noch Hoffnung gibt auf eine demokratische Islamische Republik Iran.

6. Chronologie: Die Geschichte Irans

1779: Agha Mohammad Khan Kadschar begründet die Kadscharen Dynastie, die bis 1925 über Iran herrschen wird.

1785: Teheran wird zur Hauptstadt des Kadscharen-Reiches.

1797: Der Gründer der Kadscharen-Dynastie, Agha Mohammad Kadschar, wird ermordet. Neuer Schah wird sein Neffe Fath Ali Schah. Er herrscht 37 Jahre lang und konsolidiert das Reich.

1813: Der Friede von Gulistan beendet den ersten Krieg mit dem Zarenreich.

1828: Der Friede von Turkmanchai beendet den zweiten Krieg mit den Russen. Iran verliert Nordaserbaidschan.

1848: Im Alter von 19 Jahren wird Nasreddin Schah Kaiser von Persien.

1872: Nasreddin Schah vergibt die so genannte Reuterkonzession.

1891: Die so genannte Tabakrevolte bricht aus. Anlass ist die Vergabe des Tabakmonopols an den Briten Talbot.

1896: Schah Nasreddin wird ermordet. Sein Sohn Mozaffareddin wird neuer Schah.

1901: Der Schah vergibt eine Ölkonzession an den Briten William Knox D'Arcy

1906: Infolge der Konstitutionellen Revolution muss der Schah in eine Verfassung einwilligen.

31.08.1907:	Großbritannien und Russland teilen Iran in Einflusszonen auf.
26.5.1908:	Die Briten stoßen in Iran auf Öl.
Juni 1908:	Schah Mohammad Ali lässt das Parlament stürmen.
Juli 1909:	Revolutionäre marschieren auf Teheran und setzen Schah Mohammad Ali ab. Neuer Schah wird sein Sohn Ahmad.
1911:	Der Amerikaner Morgan Shuster wird als Finanzberater tätig. Mohammad Alis Versuch, den Thron zurückzuerobern, scheitert.
1914–1918:	Im Ersten Weltkrieg erklärt Iran sich für neutral. Trotzdem greift der Krieg auf das Land über.
1919:	Das Anglo-Persian-Agreement wird unterzeichnet. Es macht Iran faktisch zu einem britischem Protektorat.
20.02.1921:	Der Kosakenoffizier Reza Khan putscht gegen Ahmad Schah. Damit beginnt seine politischer Aufstieg.
29.10.1923:	Das Parlament wählt Reza Khan zum Ministerpräsidenten.
Dezember 1925:	Reza Khan wird Schah und begründet die Pahlavi Dynastie
27.11.1932:	Reza Schah annulliert die D'Arcy Konzession.
12.10.1933:	Der Öl-Disput mit der APOC wird beigelegt. Die Laufzeit der Konzession wird um 60 Jahre verlängert.
12.03.1934:	Reza Schah lässt Persien in Iran umbenennen. Im Persischen hatte das Land nie anders geheißen, aber in allen europäischen Sprachen.
12.07.1935:	Proteste der Ulema gegen die autoritäre Modernisierungspolitik des Schahs enden in Maschhad mit einem Massaker.
01.02.1936:	Der Schah verbietet das Kopftuch.
19.7.1941:	Großbritannien und Sowjetunion fordern ulti-

mativ die Ausweisung deutscher Agenten, die sich angeblich in Iran befinden.

25.08.1941: Britische und sowjetische Truppen greifen Iran an.

16.09.1941: Die Achsenmächte zwingen Reza Schah zur Abdankung. Neuer Schah wird sein Sohn, Mohammad Reza.

1941: Die Tudeh- Partei wird gegründet.

September 1944: Die Sowjetunion fordert von Iran eine Ölkonzession für Nordiran.

1945: In Aserbaidschan und Kurdistan entstehen separatistische Bewegungen, die sich 1946 von Teheran lossagen.

5.3.1946: Der ehemalige britische Premierminister Churchill hält eine Rede, in der er den Begriff „Eiserner Vorhang" prägt. Der Tag der Rede gilt als offizieller Beginn des Kalten Krieges zwischen dem „Westen" und dem „Ostblock"

04.04.1946: Teheran einigt sich mit der Sowjetunion auf die Erteilung einer Ölkonzession.

08.05.1946: Der Truppenabzug der Sowjets wird abgeschlossen.

01.08.1946: Die Tudeh-Partei wird in die Regierung aufgenommen.

10.12.1946: Das Militär schlägt die Revolten in Aserbaidschan und Kurdistan nieder.

22.10.1947: Das Parlament lehnt es ab, der Sowjetunion eine Ölkonzession zu erteilen und beauftragt die Regierung mit der Neuverhandlung der Anglo Iranian Oil Company-Ölkonzession.

04.02.1949: Auf den Schah wird ein Attentat verübt. Infolgedessen wird die Tudeh-Partei verboten.

1949: Die Nationale Front wird gegründet.

29.4.1951: Mohammad Mossadegh wird iranischer Ministerpräsident.

1.5.1951: Die Ölindustrie wird verstaatlicht, was einen schweren Konflikt mit den Briten zur Folge hat.

19.8.1953: Ministerpräsident Mossadegh wird durch einen von der CIA organisierten Putsch gestützt.

29.10.1954: Der Ölkonflikt mit der AIOC wird durch Gründung eines Konsortiums beigelegt.

05.04.1955: Entlassung des Putschisten General Zahedi als Regierungschef.

August 1960: Abbruch der Parlamentswahl wegen zu offensichtlichem Wahlbetrug.

29.03.1961: Tod des letzten allgemein anerkannten Großajatollahs Borudscherdi.

06.05.1961: Ali Amini wird zum Ministerpräsident ernannt.

09.05.1961: Der Schah löst das Parlament auf. Iran bleibt über 2 Jahre ohne Parlament.

Januar 1962: Die Regierung erlässt ein Dekret zur Landreform, die der Schah der Bevölkerung als seine „Weiße Revolution" präsentiert.

Juni 1963: Aufstand von Chomeini-Anhängern gegen den Schah.

04.11.1964: Die Regierung schickt Ajatollah Chomeini ins Exil.

1967: Das Familienschutzgesetz wird verabschiedet. Es soll die Stellung der Frau verbessern.

02.06.1967: Der Schah besucht Berlin. Der Besuch wird von heftigen Protesten iranischer und deutscher Studenten begleitet. So genannte Prügelperser, der Geheimdienst des Schahs, knüppeln die Demonstranten nieder. In einer Nebenstraße erschießt die Polizei den nur als Schaulustigen gekommenen Benno Ohnesorg.

1969–70: Ajatollah Chomeini bricht mit der Monarchie und fordert offen die Herrschaft des Obersten islamischen Rechtsgelehrten.

08.02.1971: Mit dem Anschlag in Siakal beginnt der Guerillakrieg der Fedajin Khalq und Volksmudschahedin.

07.10.1971: Der Schah veranstaltet eine gigantische Feier, um das 2500-jährige Bestehen der iranischen Monarchie zu feiern. Seine Verschwendungssucht wird in der Bevölkerung heftig kritisiert.

02.03.1975: Der Schah zwingt alle noch verbliebenen Parteien, sich aufzulösen und führt die Einheitspartei Rastakhiz ein.

10.03.1976: Der imperiale Kalender löst den islamischen ab.

8.1.1978: Ein Schmähartikel über Ajatollah Chomeini führt zu Unruhen. Der Tag seines Erscheinens wird häufig als der Beginn der Revolution angegeben.

Die Islamische Republik Iran

16.01.1979: Der Schah geht ins Exil.

01.02.1979: Rückkehr Ajatollah Chomeinis.

05.02.1979: Mehdi Bazargan übernimmt die Führung der provisorischen Regierung.

31.3.1979: In einem Referendum spricht sich die Bevölkerung gegen die Monarchie und für die Republik aus.

19.08.1979: Der Expertenrat beginnt mit der Überarbeitung des Verfassungsentwurfs.

4.11.1979: Studenten besetzen die Amerikanische Botschaft und nehmen die Botschaftsangehörigen als Geiseln.

02.12.1979: Das Referendum über die Verfassung wird abgehalten. Damit wird die „Herrschaft des Obersten Rechtsgelehrten" zur Staatsdoktrin Irans.

28.5.1980:	Eröffnung des im März und Mai gewählten ersten Parlaments der Islamischen Republik.
20.7.1980:	Das Parlament wählt Rafsandschani zum Parlamentspräsidenten. Er wird einer der mächtigsten Männer der Islamischen Republik.
27.8.1980:	Der Schah stirbt im Exil.
22.9.1980:	Der Irak überfällt Iran. Ein achtjähriger Krieg zwischen den beiden Ländern beginnt.
Juni 1981:	Der Kampf zwischen Parlament und Präsident erreicht seinen Höhepunkt. Banisadr flieht ins französische Exil.
29.6 1981:	In der Parteizentrale der Islamisch-Republikanischen Partei detoniert eine Bombe und tötet den Großteil der IRP Führung.
02.10.1979:	Nach der Ermordung seines Vorgängers wird Ali Chamenei zum Präsidenten des Irans gewählt.
10.4. 1982:	Ein Umsturzkomplott, in das Ajatollah Schariat Madari verwickelt ist, wird aufgedeckt. Er wird von Ajatollah Chomeini endgültig politisch kaltgestellt.
13.07.1982:	Im Krieg mit dem Irak kommt es zur entscheidenden Wendung: Iranische Truppen dringen in den Irak ein
Dezember 1982:	Wahl des Expertenrates, der die Nachfolge Ajatollah Chomeinis regeln soll.
Dezember 1982:	Ajatollah Chomeini erlässt ein Dekret, in dem er Normalisierung und ein Ende der revolutionären Exzesse befiehlt.
08.11.1983:	Iran reicht beim UNO-Sicherheitsrat Klage ein wegen des irakischen Einsatzes von Chemiewaffen.
September 1984:	Die iranische Führung räumt ein, dass es interne Kämpfe und Lager innerhalb der Führung gibt und dass politische Meinungsverschiedenheiten zwischen Rafsandschani und Chamenei bestehen.

November 1985:	Montazeri wird zum Nachfolger Chomeinis bestimmt.
1986:	Geheime Kontakte zwischen den USA und Iran, der so genannte Iran-Contra Skandal, kommen ans Licht.
02.06.1987:	Die Partei der Islamischen Republik wird aufgelöst.
Ende 1987:	Ajatollah Chomeini greift zugunsten des linken Flügels in die Politik ein. Damit ist die Pattsituation zwischen Parlament und Wächterrat beendet.
Februar 1988:	Chomeini ordnet die Errichtung eines neuen Gremiums an, des Schlichtungsrates, der bei Konflikten zwischen Parlament und Wächterrat vermitteln soll.
18.07.1988:	Nachdem sich das Kriegsglück zugunsten Iraks gewendet hat, stimmt Iran einem Waffenstillstand zu. Beide Seiten beenden den Krieg.
19.07.1988:	Beginn einer Hinrichtungswelle. Tausende politische Gefangene werden in den Gefängnissen hingerichtet.
14.02.1989:	Ajatollah Chomeini erlässt ein Rechtsgutachten, in dem er den indisch-britischen Autor Salman Rushdie zum Apostaten und somit für vogelfrei erklärt.
29.03.	Montazeri wird als Nachfolger Ajatollah Chomeinis abgesetzt.

Die Zweite Phase der Islamischen Republik

03.06.1989:	Chomeini stirbt. Zum Nachfolger wird Präsident Ali Chamenei gewählt. Rafsandschani wird neuer Präsident Irans. Die Verfassung wird geändert. Die Bedingungen für die Qualifikation zum Obersten Rechtsgelehrten werden geändert.

August 1990: Der Irak überfällt Kuwait.

10.04.1992: Ein neues Parlament wird gewählt. Die Linksislamisten werden im Vorfeld ausgeschaltet.

17.09.1992: Auf iranisch-kurdische Oppositionspolitiker wird im Berliner Restaurant Mykonos ein Anschlag verübt.

1993: Rafsandschani wird als Präsident wiedergewählt.

30.04.1995: Der amerikanische Präsident Bill Clinton kündigt einen völligen Handels- und Investitionsboykott gegen Iran an, den so genannten Iran-Libya Sanctions-Act (ILSA), der bis heute andauert.

Oktober 1995: Schläger der konservativen Lagers greifen den führenden Theoretiker der iranischen Reformbewegung, Abdolkarim Sorusch, an.

22.05.1997: Der Reformer Mohammad Chatami siegt bei den Präsidentschaftswahlen gegen seinen Konkurrenten Nateq-Nuri.

November-Dezember 1998: Oppositionelle Intellektuelle werden vom Geheimdienst ermordet. In der iranischen Presse werden diese Morde als Kettenmorde bezeichnet.

1999: Akbar Gandschi veröffentlicht unter dem Titel „Das Verließ der Gespenster" ein Buch, das die Machenschaften des iranischen Geheimdienstes enthüllt – vor allem seine Verwicklung in die Kettenmorde – und zum Bestseller wird.

08.07.1999: Beginn mehrtägiger Studentenunruhen nach dem Verbot der kritischen Zeitung Salam (Friede). Der Geheimdienst stürmt ein Studentenwohnheim und verprügelt die Studenten.

18.02.2000: Die Parlamentswahl endet mit einem Triumph der Reformer. Doch der Revolutionsführer Ali Chamenei erstickt Versuche, das System zu liberalisieren und Reformen durchzuführen, im Keim

09.04.2000: In Berlin veranstaltet die den Grünen nahestehende Heinrich-Böll-Stiftung eine Konferenz über Iran nach den Parlamentswahlen und die Aussichten der Reformer. Sie musste wegen heftiger Proteste oppositioneller Exil-Gruppen mehrfach unterbrochen werden.

27.11.2000: Der ehemalige Innenminister Abdallah Nuri wird nach einem aufsehenerregenden Prozess von einem Sondergericht zu fünf Jahren Haft verurteilt. Er hatte die Position des Revolutionsführers sowie den Kopftuchzwang kritisiert.

19.09.2001: Tausende Iraner gedenken trotz eines offiziellen Verbots in Teheran öffentlich der Opfer der Terroranschläge in den USA vom 11. September

30.01.2002: Der amerikanische Präsident George W. Bush platziert Iran auf der Achse des Bösen.

09.04.2003: Die Amerikaner erobern Bagdad.

11.06.2003: In Teheran beginnen mehrtägige Proteste gegen das Regime.

10.10.2003: Das Nobelpreiskomitee verleiht der iranischen Menschenrechtlerin Schirin Ebadi den Friedensnobelpreises.

23.10.2003: Nach Verhandlungen mit den Außenministern von Deutschland, Frankreich und Großbritannien erklärt sich Iran bereit erklärt, die Anreicherung von Uran vorerst einzustellen, mit der Wiener Atomwaffenkontrollbehörde (IAEO) zusammenzuarbeiten und das Zusatzprotokoll zum Atomwaffensperrvertrag zu unterzeichnen, das unangemeldete Inspektionen vorsieht.

20.02.2004: Im Vorfeld der Parlamentswahl wird Hunderten von reformorientierten Kandidaten die Zulassung verweigert – unter anderem zahlreichen amtierenden Parlamentariern.

27.05.2004: Eröffnungssitzung des 7. Parlaments. Wie erwartet, tragen die Konservativen den Sieg davon, weil die Reformer ausgeschaltet wurden und die Wähler der Reformer den Urnen aus Frust fernbleiben.

7. Der moderne Iran: Literatur zum Weiterlesen

Abdo, Geneveive: Answering only to god. New York 2003.

Adelkhah, Fariba: Being modern in Iran. London 1999.

Abrahamian, Ervand: Iran between two Revolutions. Princeton 1982

Amirpur, Katajun: Reformen an theologischen Hochschulen? Tendenzen der heutigen Diskussion im Iran. Köln 2001.

Amirpur, Katajun: Die Entpolitisierung des Islam: Abdolkarim Sorushs Denken und Wirkung in der Islamischen Republik Iran. Würzburg 2003.

Amirpur, Katajun: Gott ist mit den Furchtlosen: Schirin Ebadi – die Friedensnobelpreisträgerin und der Kampf um die Zukunft Irans. Freiburg im Breisgau 2003.

Ansari, Ali M.: Modern Iran since 1921. London 2003.

Benard, Cheryl/ Khalilzad, Zalmay: Gott in Teheran. Frankfurt 1988.

Bill, James A.: The eagle and the lion: The tragedy of american – iranian relations. New Haven 1988.

Buchta, Wilfried: Die iranische Schia und die islamische Einheit 1979–1996 Hamburg 1997.

Buchta, Wilfried: Politische Machtzentren und Entscheidungsprozesse im Iran. St. Augustin, Konrad Adenauerstiftung 1997.

Buchta, Wilfried: Who rules Iran? Washington 2000.

Chimelli, Rudolph: Die Revolte mehrt ihre Kinder. Wien 2000

Ehlers, Ekkehard: Iran (Wissenschaftliche Länderstudien). Darmstadt 1980.

Fürtig, Henner: Liberalisierung als Herausforderung. Berlin 1996.
Gatter, Peer: Khomeinis Erben. Münster 1998
Ghods, M. Reza: Iran in the Twentieth Century: A political History. London 1989.
Göbel, Karl-Heinrich: Moderne schiitische Politik und Staatsidee. Opladen 1984.
Greussing, Kurt: Vom guten König zum Imam. Bregenz 1987.
Gronke, Monika: Geschichte Irans. Von der Islamisierung bis zur Gegenwart. München 2003.
Halliday, Fred: Iran: Analyse einer Gesellschaft im Entwicklungskrieg Berlin 1979
Halm, Heinz: Die Schia. Darmstadt 1988.
Halm, Heinz: Der schiitische Islam. München 1994.
Hiro, Dilip: Neighbours not Friends. London 2001.
Hirschfeld, Yair: Deutschland und Iran. Düsseldorf 1980.
Hourcade, Bernard: Iran. Nouvelles identités d'une république. Paris 2002
Kapuscinski, Ryszard: Shah-in-Shah. Franfurt 1997.
Kauz, Ralf: Politische Parteien und Bevölkerung in Iran. Berlin 1995
Keddie, Nikki: Roots of Revolution. Binghamton 1981.
Kermani, Navid: Iran – Die Revolution der Kinder. München 2001.
Kermani, Navid: Schöner neuer Orient. Berichte von Städten und Kriegen. München 2003.
Klaff, Rene: Islam und Demokratie. Frankfurt 1987.
Mahrad, Ahmed: Iran auf dem Weg zur Diktatur. Hannover 1976.
Mahrad, Ahmed: Iran unter der Herrschaft Reza Schahs. Frankfurt 1977.
Martschukat, Jürgen. Anti-Imperialismus. Öl und die Special Relationship. Münster 1995.
Mehner, Harald / Gehrke, Ulrich: Iran. Tübingen 1975.
Moin, Baqer: Chomeini. London 1998.

Moslem, Mehdi: Factional politics in post-Chomeini Iran. Syracuse 2002.
Mottahedeh, Roy: Der Mantel des Propheten oder das Leben eines persischen Mullahs zwischen Religion und Politik. München 1987.
Naficy, Mehdi: Klerus, Basar und iranische Revolution. Hamburg 1993.
Paidar, Parvin: Women and the political process in 20th century Iran. Cambridge 1995
Richard, Yann: Der verborgene Iman – die Geschichte des Schiismus im Iran. Berlin 1983.
Roy, Olivier: The failure of political Islam. Cambridge, Mass.: 1994.
Schirazi, Asghar: Die Widersprüche in der Verfassung der Islamischen Republik vor dem Hintergrund der politischen Auseinandersetzung im nachrevolutionären Iran. Berlin 1992.
Schirazi, Asghar: Modernität und gestörte Wahrnehmung: eine Fallstudie über die Tudeh-Partei des Iran und ihr Verhältnis zur Demokratie. Hamburg 2003.
Tellenbach, Sylvia: Untersuchungen zur Verfassung der Islamischen Republik Iran von 1979. Berlin 1985.
Thoß, Gabriele/Richter, Franz Helmut: Ajatollah Khomeini. Münster 1991.
Winkler, Kirsten: Kulturschock Iran. Bielefeld 1995.
Wöhlert, Torsten: Iran: die pragmatische Republik Gottes. Frankfurt 1993.
Zürrer, Werner: Persien zwischen England und Russland 1918–25. Frankfurt 1978

8. Übersichtskarte Iran

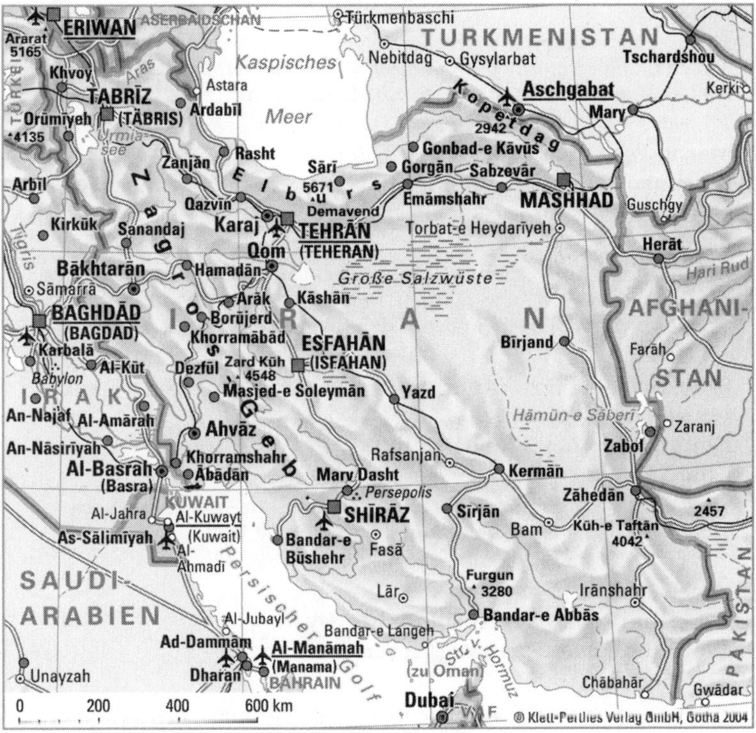

Brisant

Katajun Amirpur
Gott ist mit den Furchtlosen
Schirin Ebadi – die Friedensnobelpreisträgerin und der Kampf um die Zukunft Irans
Band 5469

Schirin Ebadi kämpft mit dem Koran gegen die Unterdrückung der Frauen und für Reformen im iranischen Gottesstaat. Eine faszinierende Frau im dramatischen Kampf für ein offeneres Antlitz des Islam.

Martin Fritz
Schauplatz Nordkorea
Das Pulverfass im Fernen Osten
Band 5464

Atomwaffen, Hungersnöte, ein unberechenbarer Diktator – Nordkorea gilt im Westen als brandgefährlich. Eine brillante Analyse der Hintergründe der Krise von einem der besten Kenner des Landes.

Peter Heine
Schauplatz Irak
Hintergründe eines Weltkonflikts
Band 5371

Was sind die Hintergründe des brisanten Konflikts? Ein spannendes Sachbuch von einem Experten für die islamische Welt.

Jürgen Todenhöfer
Wer weint schon um Abdul und Tanaya?
Die Irrtümer des Kreuzzugs gegen den Terror
Band 5420

„Ein bemerkenswertes Buch, in dem an die Bedeutung unserer Grundwerte – auch für unser Handeln gegenüber anderen Völkern – erinnert wird." (FAZ)

Ludwig Ammann
Cola und Koran
Das Wagnis einer islamischen Renaissance
Band 5432
Steuert der Islam im Zeitalter der ökonomischen Globalisierung auf eine solche „Modernität mit Unterschieden" zu: Westliche Waren ja. Westliches Denken nein? Informationen und Perspektiven.

Rita Breuer
Familienleben im Islam
Traditionen, Konflikte, Vorurteile
Band 5247
Soziale, kulturelle, religiöse und rechtliche Aspekte des islamischen Familienlebens zwischen Tradition und Moderne.

Nazih Ayubi
Politischer Islam
Religion und Politik in der arabischen Welt
Band 5279
„Das Standardwerk. Scharf in der Analyse und sorgfältig recherchiert. Ein Buch, das verständlich macht, was die arabische Welt bewegt" (Peter Heine).

Angela Grünert
Himmlische Geschenke
Feste und Feiern im Islam
Band 5348
So vielfältig wie der Islam selbst sind auch seine Feste und Riten. Ein lebendig erzählter Überblick über die Kultur des Feierns im Islam.

Peter Heine
Terror in Allahs Namen
Extremistische Kräfte im Islam
Band 5546
Der radikale Islam die neue Gefahr für uns alle? Ein Kenner der extremen islamistischen Szene über die Hintergründe. Ein Buch zur Klärung und Aufklärung.

HERDER spektrum

Fatima Mernissi
Herrscherinnen unter dem Halbmond
Die verdrängte Macht der Frauen im Islam
Band 5478

Fatima Mernissi macht die Sultaninnen für uns wieder lebendig, erzählt farbige und anschauliche Geschichten von Intrigen und politischer Klugheit. Eine faszinierende Lektüre.

Fatima Mernissi
Der politische Harem
Mohammed und die Frauen
Band 5280

„Fesselnd, mit großer Sensibilität, einer Mischung aus Zurückhaltung und Kühnheit geschrieben" (Le Figaro).

Mathias Rohe
Der Islam – Alltagskonflikte und Lösungen
Rechtliche Perspektiven
Band 4942

Droht eine Konfrontation von islamischen und westlichen Rechtsauffassungen? Wo liegen die Lösungen?

Feindbild Christentum im Islam
Eine Bestandsaufnahme
Hg. von Ursula Spuler-Stegemann
Band 5437

Wie stehen Muslime zum Christentum und zu Grundrechten und Freiheiten in demokratischen Gesellschaften? Aufklärung zu einem wichtigen Zukunftsthema.

Ursula Spuler-Stegemann
Muslime in Deutschland
Informationen und Klärungen
Band 5245

„Das sollte man gelesen haben: Das mit Abstand beste Werk über Muslime in Deutschland" (BZ).